인생PT

인생 PT
부자로 살아가는 삶의 시작

1판 1쇄 발행 | 2022년 07월 27일

지 은 이 | 로재크(최범규)

펴 낸 이 | 김무영
편집 팀장 | 황혜민
편   집 | 조한나, 김은미
마 케 팅 | 주민서
디 자 인 | 김다은
독자 편집 | 공두연, 곽윤선, 길준경, 김윤호, 박상은, 서윤지, 신경재, 최성욱, 한서현
인   쇄 | ㈜민언프린텍
종   이 | ㈜지우페이퍼

펴 낸 곳 | 텍스트CUBE
출판 등록 | 2019년 9월 30일 제2019-000116호
주   소 | (03190) 서울시 종로구 종로 80-2 삼양빌딩 311호
전자 우편 | textcubebooks@naver.com
전   화 | 02 739-6638
팩   스 | 02 739-6639

ISBN 979-11-91811-07-0 (03320)

세상에서 가장 즐거운 읽기,
텍스트CUBE는 독자 여러분께 좋은 책과 더 좋은 책 경험을 드리고자
언제나 최선을 다하겠습니다.

인생
PT

로재크(최범규) 지음

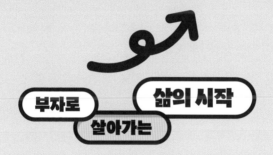

부자로
살아가는
삶의 시작

✦재테크 본질편✦

지속가능한 부자의 삶, 가능합니다

부자가 되는 단 하나의 방법

30대 중반, 바디 프로필 사진에 도전하기로 했다. 잦은 음주와 회식으로 불어난 살을 빼고 새로운 전환점을 만들고 싶었다. 하지만 운동량에 비해 효과는 미미했다. 소싯적 힘만 생각하고 높은 무게를 치는 데만 집중했기 때문이었다. 나는 멋있는 나의 몸을 꿈꾸면서도 '나에게 맞는 방법'이 아닌 남들의 방법만 따라가고 있었다.

작은 받침대의 힘

한번은 높은 중량으로 벤치프레스를 하고 있는데 휴식 시간에 트레이너 한 분이 다가와 말을 걸었다. 지금 운동이 가슴에 전달되지 않고 있으며 양쪽 균형도 맞지 않다는 지적이었다. 혹시 오른쪽 어디가 좋지 않냐고 했다. 안 그래도 갈수록 오른쪽 어깨 통증이 심해지던 참이었다. 그러자 트레이너는 작은 받침대 한 개를 가져오더니 바벨을 다 뺀 채 나에게 누워서 자세를 잡아보라고 했다. 그리고 손바닥만 한 그 받침대를 내 목과 벤츠프레스 사이에 끼웠다. 평소대로 힘을 줬지만 정말 거짓말처럼 단 한 개도 들 수 없었다.

"왜 이게 안 되죠?"

"회원님은 오른쪽 어깨가 안 좋기 때문에 남들처럼 들면 안 됩니다."

어깨를 다친 적이 있었던 나에게는 나만의 방법이 필요했던 것이다.

재테크도 마찬가지다. 재테크 관련 책은 셀 수 없이 많다. 유튜브에는 매일 돈을 모으고 불리는 방법이 소개된다. 그런데 왜 책을 읽어도, 열심히 유튜브를 보아도 부자가 되지 못할까? 바로 나에게 맞는 방법이 아니기 때문이다.

증권회사 7년, 보험회사 5년을 일하면서 돈을 매개로 다양한 사람들을 만났다. 한 사람 한 사람이 가진 재테크 지식과 경험은 천차만별이었다. 돈이 중요하다는 사실은 충분히 알고 있지만 돈을 추구하면 괜히 가벼운 사람처럼 보일까 돈 이야기를 꺼리는 분위기도 있었다. 사람들이 먼저 돈 이야기를 꺼내는 경우는 딱 한 가지뿐이었다. 바로 내가 산 주식이 올랐을 때.

부자의 삶, 어떻게 성취할 수 있을까?

10대 학생부터 수천 억 대 자산가에 이르기까지 다양한 사람을 만나면서, 돈 문제도 사람마다 시기와 환경에 따라 전부 다를 수 있다는 사실을 깨달았다. 문제를 빠르게 해결해 인생을 만끽하는 사람들을 보면서 돈 문제 해결에서 가장 중요한 요소란 나에게 맞는 방법을 찾는 것이라는 걸 실감했다.

예를 들어, 투자 수익률을 높이는 방법과 관련한 재테크 책은 많지만 사실 투자 수익률은 부자가 되는 것과 큰 상관이 없다. 애초에 투자 수익률은 위험을 감수한 대가이기 때문이다. 많이 투자할수록 수익이 높지만 한 번 잃으면 큰 타격을 받는다. 손실을 복구하기 위해서는 몇 배의 시간과 노력이 필요하다. 투자 수익률 이전에 기초가 필요한 이유다. 기초가 탄탄해야 실패를 두려워하지 않는다. 설령 실패하더라도 언제든 스스로의 힘으로 좌절하지 않고 일어설 수 있다.

스스로의 힘으로, 돈의 노예가 아닌, 지속적인 부자의 삶

문제를 해결하는 데 가장 중요한 것은 문제를 정의하는 것이다. 아인슈타인도 문제를 해결하기 위해 1시간이 주어진다면 55분은 문제를 정의하는 데 쓰고, 나머지 5분 동안 해법을 찾는 데 쓰겠다고 했다. 돈 때문에 문제를 겪고 있는가? 그렇다면 먼저 문제를 명확하게 정의할 수 있어야 한다. 지금 당장이 아니라 나의 과거부터 미래까지 인생의 관점으로 돈을 볼 수 있어야 한다.

어쩌면 그 과정은 다소 불편할 수도 있다. 인생에서 중요한 진실은 불편한 지점에 숨겨져 있기 때문이다. 하지만 빠르면 빠를수록 좋다. 위기가 닥쳤을 때보다 위기가 오기 전에 문제를 점검하면 더욱 안정적이다. 전설적인 투자자 워렌 버핏Warren Buffett은 "폭우를 예측하는 것은 중요하지 않다. 하지만 방주를 짓는 것은 중요하다"라고 했다.

<인생PT>는 단순히 돈을 많이 버는 방법을 가르치는 책이 아니다. 어떻게 하면 내 삶이 지속적인 부자의 삶으로 나아갈 수 있는지, 나에게 맞는 방법을 찾도록 돕는 책이다. 돈을 넘어 나의 인생관, 태도, 인간관계, 습관, 그리고 공부까지 다룬다. 그래야 나에게 맞는 방법을 찾을 수 있다. 부자가 되는 방법은 단 하나라고 생각한다. 왜냐하면 내 인생을 살아가는 건 오직 나 한 사람뿐이기 때문이다. 그러니 나에

게 맞는 방법 역시 단 하나뿐이다.

자, 자가진단부터 시작해 보자.

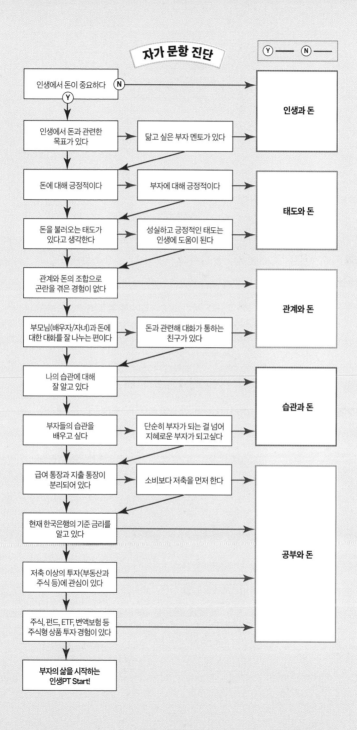

자가 문항 진단

Y ─── N ───

인생에서 돈이 중요하다 ─N→ 인생과 돈
Y↓

인생에서 돈과 관련한 목표가 있다 → 닮고 싶은 부자 멘토가 있다

돈에 대해 긍정적이다 → 부자에 대해 긍정적이다 태도와 돈

돈을 불러오는 태도가 있다고 생각한다 → 성실하고 긍정적인 태도는 인생에 도움이 된다

관계와 돈의 조합으로 곤란을 겪은 경험이 없다 관계와 돈

부모님(배우자/자녀)과 돈에 대한 대화를 잘 나누는 편이다 → 돈과 관련해 대화가 통하는 친구가 있다

나의 습관에 대해 잘 알고 있다 습관과 돈

부자들의 습관을 배우고 싶다 → 단순히 부자가 되는 걸 넘어 지혜로운 부자가 되고싶다

급여 통장과 지출 통장이 분리되어 있다 → 소비보다 저축을 먼저 한다

현재 한국은행의 기준 금리를 알고 있다 공부와 돈

저축 이상의 투자(부동산과 주식 등)에 관심이 있다

주식, 펀드, ETF, 변액보험 등 주식형 상품 투자 경험이 있다

부자의 삶을 시작하는 인생PT Start!

목차

문으로 가난이 들어오면 창밖으로 행복이 달아난다는 말이 있다. 나와 우리 가정을 지키는 돈은 매우 중요한 요소다. 돈에 대해 제대로 공부하고 노력해야 부자의 길로 나아갈 수 있다. 재테크도 마치 1:1 PT처럼 처음부터 차근차근 해나갈 수만 있다면 확실한 성취를 이룰 수 있을 것이다.

　　<인생PT>는 어떻게 하면 지속적인 부자의 삶을 향해 전진할 수 있는지 당신에게 꼭 맞는 방법을 알려줄 것이다. 진짜 부자의 삶을 꿈꾼다면 저자가 직접 경험하고 부딪히며 깨달은 노하우와 비결을 만나보자. 부자의 삶을 시작하고 싶은가? <인생PT>를 적극 추천한다.

서울휘 <서울휘의 월급 받는 알짜상가에 투자하라> 저자

　　돈 자랑을 하는 사람이 많다. 열심히 일하지도 않고 돈 벌었다고 자랑한다. 돈이 돈을 벌게 한다면서 우쭐해한다. 그들과 비교하면 괜한 자괴감에 빠지기도 한다. 하지만 그럴 필요 없다.

부를 쌓는 과정은 일시적이지 않다. 오래도록 지속해야 한다. <인생PT>에서 저자는 돈 자랑하는 가짜 부자가 아닌 진짜 부자에 대해서 알려준다. 잘못된 자세를 교정해주는 PT 코치처럼 저자가 이끄는 대로 부자로 살아가는 삶에 대한 마인드와 태도부터 하나씩 실천해간다면 분명 당신의 자산은 갈수록 늘어날 것이다.

핑크팬더 <경기도 아파트 지도>, <후천적 부자> 저자

태어나서 가장 많이 부딪히고 경험하는 것이 '돈'입니다. 그러나 역설적으로 많은 사람이 '돈'에 대해 잘 모른 채 한 평생을 살아갑니다. 1인 가구 증가, 고령화 등으로 우리 사회가 급격히 변하면서 '돈'의 중요성이 훨씬 더 커지는 현실입니다.

<인생PT: 재테크 본질편>은 우리가 '돈'과의 관계를 시작부터 어떻게 정립해야 하는지 각각의 인생주기마다 맞춤형으로 알려주는 재테크 지침서입니다. 이 책이 홀로 묵묵히 걸어가는 인생이라는 길을 환하게 비추는 등대가 되리라 확신합니다.

김유상 現 골든트리 투자자문 (前 삼성액티브자산운용 대표)

1부
인생과 돈

1부에서는 내가 이미 갖고 있는 혹은 갖고 싶은 무형자산을 생각해 보고 나만의 인생 로드맵을 계획하며 그에 맞는 재무 목표를 수립한다. 돈의 중요성을 인식한 후 사례를 통해 생애 주기별로 돈을 공부하는 삶과 그렇지 않은 삶을 비교해 본다.

1장
돈은
인생을 따라 흐른다

고민이 없는 사람은 없다. 당장 인터넷에 '고민'이라고 검색해봐도 1억 4천만 개가 넘는 게시물이 뜬다. 특히 경제 분야에서는 주식이나 가상 화폐에 대한 고민의 목소리가 끊이질 않는다. 고민이 꼭 나쁜 것은 아니다. 사람은 무슨 일을 하든 바람직한 방향으로 나아가기를 원하기 때문이다. 내가 좋아하는 작가 레프 톨스토이Lev Nikolayevich Tolstoy는 『부활』이란 작품에서 다음과 같이 말했다.

"인간이란 무슨 행동을 하기 위해선 자신의 행위가 중요하고 바람직하다고 여기지 않으면 안 되는 것이다."

개인적으로 고전을 읽으면서 다른 사람의 삶을 엿보고 생각해 보는 걸 좋아한다. 고전이 꼭 정답을 주는 것은 아니다. 하지만 나와 같은 고민을 하는 등장인물을 보며 해답의 실마리를 찾을 수도 있다. 의외로 고민의 내용은 예나 지금이나 비슷하다.

『죄와 벌』도 그랬다. 주인공 라스콜니코프는 형편이 어려워 다니던 학교를 휴학한 데다 하숙비까지 밀려 있는 상태였다. 게다가 하나뿐인 여동생이 자신의 학비를 마련하고자 마음에도 없는 사람과 약혼했다는 사실을 알게 된다. 라스콜니코프는 지긋지긋한 가난에서 벗어나기 위해 전당포 주인을 살해하기로 계획하고 실행에 옮긴다. 주인을 도끼로 살해하고 우연히 현장을 목격한 주인의 동생마저 살해한다. 라스콜니코프는 결국 가난에서 벗어나지 못했고 죄책감과 불안감에 쇠약해져 고통뿐인 삶을 살아가게 된다.

비단 극단적인 범죄가 아니더라도 아주 작은 실수 때문에 인생이 바뀌는 경우도 있다. 『레 미제라블』의 주인공 장 발장은 굶고 있는 조카들을 위해 빵 한 조각을 훔친 죄로 징역 5년을 선고받는다. 그리고 감옥에서 네 차례 탈옥을 시도하고 잡혀 결국 19년의 징역을 살게 된다. 탈옥을 시도한 것도 조카들이 밥을 굶을까 걱정이 됐기 때문이었다. 장 발장은 그 죄 하나로 평생을 마음 졸이며 살아간다.

한 사람의 삶에서 혹은 한 가정에서 돈은 매우 큰 부분을 차지한다. 삶의 중요한 순간마다 돈 문제가 꼭 따라붙는다. 그렇다면 돈 문제를 해결하는 열쇠는 인생 안에 들어있는 것이 아닐까? 지금 당장 돈이 많고 적음은 중요하지 않다. 인생이라는 긴 흐름에서 돈이 어떤 문제를 야기할 수 있는지 알지 못한다면 애써 쌓은 부도 그 의미가 퇴색될 수밖에 없다.

라스콜니코프와 장 발장, 무엇이 그들의 인생에서 문제였을까? : 자신 있게 말하지 못하는 돈 문제

건강, 가족, 꿈, 친구, 일 등 인생에서 중요한 건 많다. 하지만 가장 중요하다고 생각은 하면서도 자신 있게 말하지 못하는 게 있다. 바로 돈이다. 우리나라는 유교 문화의 영향으로 돈 문제를 직접 드러내고 이야기하면 불편함을 느낀다. 하지만 돈이 인생에서 정말 중요하다는 사실에는 누구라도 큰 이견이 없을 것이다. 돈 문제는 현실이다. 앞서 이야기한 고전 속 두 주인공이 평생 힘들게 살았던 것도 바로 돈 때문이었다.

돈에 대해 진지하게 고민해 본 적이 있는가? 초등학교 입학 전부터 친척 어른께 용돈을 받으면서 지폐의 색깔에 따라 가치가 다르다는 걸 배우고, 부모님이 돈 때문에 다투는 걸 목격하면서 돈의 중요성을 알게 됐겠지만 구체적으로는 잘 알지 못했을 것이다. 아르바이트를 하며 돈을 벌기 시작했을 때도 크게 다르지 않았을 것이다. 공기가 중요하다는 것을 알면서도 공기를 걱정하고 공부하지 않는 것처럼 돈도 비슷한 취급을 받는 게 사실이다.

나도 큰 걱정 없이 살다가 대학생이 되고 처음으로 돈에 대해 진지하게 생각하기 시작했다. 5학년 때 아버지가 돌아가셨기 때문에 어머니께서는 대학교를 가고 싶다면 스스로 해결해야 한다고 어린 시절 내내 강조하셨다. 등록금과 생활비를 마련하기 위해 나는 각종 아르바이트와 과외를 하면서 8년간 대학을 다녔다. 하지만 돈에 대해 고민하고 공부하기보다는 '아르바이트에서 잘리면 어떡하지'나 '등록금 마련하려면 과외를 하나 더 해야 하는데' 등 주로 돈 걱정만 했었다(물론 걱정이 돈 문제를 해결해주지는 못했다).

돈이 중요하다면
그다음은?

돈의 중요성을 느꼈다면 그다음은 어떻게 해야 할까? 금본위제부터 시작해 화폐의 발전 과정 같은 돈의 역사를 공부해야 할까? 아니면 부자의 삶이나 재테크와 관련한 책을 닥치는 대로 읽어야 할까?

최근 주식시장의 가치가 상승하면서 자녀를 위한 첫 경제 교육으로 삼성전자 주식을 사 주는 것이 유행처럼 번지고 있다. 실제로 고등학생이나 대학생 자녀가 생일 선물로 삼성전자 주식을 원하는 경우가 많다고 한다. 과연 자녀 명의로 계좌를 개설하고 주식을 사 주면 아이들이 돈의 중요성을 제대로 알 수 있을까?

2011년에 KBS에서 방영한 다큐멘터리 《행복해지는 법》이 유튜브에 업로드됐다. 10대부터 70대에 이르기까지 다양한 사람의 삶이 소개된다. 오랜 시간이 지났지만 지금의 현실과 놀랍도록 유사하다. 각 연령의 삶을 조명하면서 우리나라 사람들이 왜 불행한지 보여 주고 행복해지기 위해 어떻게 해야 하는지 물음을 던진다.

본격적으로 내가 실제로 만났던 부자 이야기를 통해 진정한 부의 원천인 무형자산을 알아보고, 10대부터 60대까지 돈 때문에 어떤 문제를 겪는지 자세히 들여다보겠다. 먼저 나를 각 상황에 대입해 돈 문제를 스스로 해결해야 하는 과제로 인식하는 것이 첫 번째 목표이다. 돈은 인생을 따라 흐른다. 언제든지 흐름이 막히는 경색이 생길 수 있다. 생애 주기별로 발생할 수 있는 문제를 알아보며 걱정하면서 살 것인지 아니면 공부하면서 살 것인지 생각해 보자.

집중 트레이닝 코스

📌 **내가 생각하는 인생의 중요한 가치들을 순서대로 나열해 보자.**
ex) 행복, 사랑, 지혜, 꿈, 가족, 건강, 봉사, 돈, 성실, 노력, 친구, 일, 명예

_____

_____

📌 **돈과 관련한 긍정적인 경험은 무엇이 있는가?**

_____

_____

📌 **돈과 관련한 부정적인 경험은 무엇이 있는가?**

_____

_____

2장
부자를 만나야
부자가 보인다

'부'라는 글자는 한자로 '富'라고 쓴다. 한 집宀 안에 복畐이 가득하다는 뜻이다. 경제적인 의미보다는 가정의 복을 의미한다. 한자의 어원으로 살펴본다면 옛사람들은 부유함을 가정의 복으로 여겼던 것이 아닌가 생각된다.

그렇다면 2022년을 살아가는 우리는 어떨까? '부자'라고 했을 때 가장 먼저 떠오르는 이미지는 무엇인가? 남의 이익을 가로채고 자기 배만 불리려고 혈안이 된 욕심 가득한 인상의 노인이 생각나는가? 아니면 젊고 세련된 외모에 자기 관리를 잘한 스마트한 삼사십 대가 생각나는가? 부모를 잘 만난 덕분에 좋은 차를 타고 명품을 골라서 사는 화려한 인플루언서가 생각나는가? 하지만 아니었다. 증권사와 금융회사에서 근무하며 만난 실제 부자와 그들의 자녀 모습은 우리가 생각하는 이미지와는 전혀 달랐다.

'진짜' 부자를 만나다 : 부자의 뜻

실제로 부자들을 만나서 살펴보니 부부 중 한 명만 부자이거나 부모는 부자이지만 자녀가 가난한 경우는 매우 드물었다(물론 모든 부자가 다 그렇다는 건 아니다. 내가 만난 사람 중에 부자의 삶을 제대로 살아가는 경우만 전제한 것이다). 나는 문득 다음과 같은 생각이 들었다.

'부자의 삶을 살게 하는 결정적인 요소는 현금, 명품, 차 같은 물건보다 한 가족이 깊이 공유하는 생활 방식, 즉 문화나 태도 같은 무형자산이 아닐까?'

내 경험만 봐도 진짜 부자는 저마다의 '고유한 무형자산'을 가진 사람들이었다. 고등학교와 대학교 동창인 친구 한 명은 이름만 대면 알만한 사람을 아버지로 두고 있었다. 하지만 매일 같은 옷을 입고 다니면서 허투루 돈을 쓰지 않았다. 고등학교 3년, 대학교 4년 내내 같이 다니면서도 친구에게 흔한 차 한 번 얻어먹은 적이 없었다. 비싼 옷도 사서 입고 멋도 부릴 법한데 매일 큰 가방에 크록스 신발을 신고 학교를 왔다. 왜 계속 같은 신발을 신냐는 내 질문에 친구는 단순하게 대답했다.

"편하니까."

친구의 무형자산은 검소함이었다.

중학교 동창인 다른 친구는 유학까지 다녀왔지만 쓰러지신 아버지의 가업을 지키고자 매장 매니저 일을 하며 휴일도 없이 일하고 있다. 할아버지가 창업한 회사를 아버지가 비약적으로 발전시켜 지금은 이름만 대면 알만한 기업이 됐다. 친구를 만나려면 명절 전후에 쉴 때 아니면 얼굴 한 번 보기 힘들다. 회사의 실적을 좌우할 수 있는 경영 의사결정부터 아르바이트 직원을 채용하는 세세한 일까지 두루 챙기면서 솔선수범한다. 친구의 무형자산은 성실함이었다.

금융 일선에서 일하며 만난 실제 부자도 각자 자신만의 무형자산을 가지고 있었다. 증권회사에서 일할 때였다. 낡고 오래됐지만 편안해 보이는 고급 스웨터를 걸친 부부가 손을 꼭 잡고 들어왔다. 60세 초반 정도의 나이에 꼭 닮은 얼굴을 한 부부였다. 두 분이 함께 자리에 앉았고 남편이 10억짜리 수표 두 장을 내밀며 말했다.

"아내 이름으로 주식을 사고 싶습니다."

아내의 환갑 선물로 20억 상당의 주식을 선물한 분은 코스닥 상장사의 대표였으며 보유 주식의 가치만 해도 2천억 원이 넘었다. 증여세까지 발생할 수 있어 자세한 사정을 물어보니 아내가 혼자 살 기간을 대비해 그동안 고생에 대한 보답으로 주는 것이라고 했다. 담당 세무사를 통해 증여세까지 다 준비했으니 걱정하지 말고 관련 서류만 잘 챙겨달라고 말했다. 그의 무형자산은 선한 마음이었다.

삼사십 대 부자도 마찬가지였다. 처음 영업을 시작했을 때 유명한 포털사이트 회사의 초기 멤버들을 고객으로 만날 수 있었다. 그때는 경부고속도로에서 보이는 사옥을 짓기 전이었으며 주식이 상장되기도 전이었다. 그들은 하나같이 유명세에 비해 소탈한 모습이었다. 무엇보다 부자처럼 보인다기보다 온통 일에만 몰두하는 일 중독자처럼 보였다는 게 더 정확한 표현이 아닐까 싶다.

그들은 카페에서 만날 때마다 노트북을 놓고 일에 열중하고 있었다. 어찌나 진지하게 일에 몰입하던지 눈을 마주치며 이야기하는 것조차 눈치가 보일 지경이었다. 당시는 주로 전화로 주식 매매를 하던 시절이라 통화 또한 끊이질 않았다. 사내 벤처를 시작했던 모회사와 본인들이 설립한 회사 모두 상장까지 이뤄져 자산이 몇 백억 원 대가 됐음에도 그들은 일을 게을리 하지 않았다. 몰입이야말로 그들의 무형자산이었다.

가장 인상 깊었던 부자는 곤지암 다방에서 만난 고객이다. 젊었을 때 건설업으로 부를 축적했던 60대 사장님이었다. 열심히 일하면서 본인이 태어난 고향 땅을 조금씩 사 모았다. 그 사이로 도로가 깔리고 건물이 들어섰으며 어느새 당신의 땅을 밟지 않고는 곤지암을 지나가지 못한다고 했다. 그러나 성공담보다 더 인상 깊었던 건 그분의 외적인 모습이었다. 시골 다방에서 요구르트를 앞에 놓고 이야기를 나누었는데 흙이 잔뜩 묻은 옷소매가 눈에 들어왔다. 게다가 헤어질 때 1층의 지역 농협에 들려 1시간짜리 주차권을 내 것까지 챙겨주는 꼼꼼함에 혀를 내둘렀던 기억이 생생하다. 그의 무형자산은 절약이었다.

드러내지 않음으로써 드러내고, 빛나지 않음으로써 빛난다

진짜 부자는 평소 우리가 생각하는 것과 달랐다. 부자로 만들어 준 확실한 무형자산이 있었고 예비 부자인 자녀에게 무형자산을 물려줄 수 있는 가족만의 노하우가 있었다. 부를 드러내지 않았다. 비싼 옷을 걸치지도 않았고 외제 차로 과시하지도 않았다. 근면 성실하게 일궈 낸 부모님의 부를 이어받은 10대 시절 동창 친구부터 증권회사를 다니며 만난 자산가를 보면 오히려 소탈한 쪽에 가까웠다. 세계적인 부자라도 한 가지 옷만 입고 다니는 페이스북 창업자 마크 저커버그Mark Zuckerberg나 60년째 한 집에 살고 있는 워렌 버핏처럼 말이다.

사쿠라가와 신이치가 쓴 『부의 시작』을 보면 다음 구절이 나온다.

"'잔돈 10원'을 '단 돈 10원'이라고 소홀히 취급하느냐, 이 10원을 어떻게 효율적으로 쓸지 생각하느냐로 당신의 인생은 크게 달라질 것이다."

내가 만난 실제 부자들처럼 앞으로 어떤 무형자산을 가

진 부자가 될 것인지 먼저 상상해 보자. 부동산, 주식, 경제 공부보다 더 중요한 자산이 바로 무형자산이다. 부자는 되는 것만으로 끝이 아니라 부자로 살아감으로써 완성된다. 그러기 위해서는 내가 어떤 부자가 될 것인지 구체적으로 상상하고 실제로 살아가고자 하는 노력이 선행돼야 한다.

우리는 고유한 무형자산을 보유한 지혜로운 부자가 되는 것을 목표로 삼아야 한다. 진정으로 내가 되고 싶은 부자의 모습을 그려보자. 그리고 그에 걸맞는 나의 무형자산을 알아보기 위해 먼저 각각의 인생 주기별로 필요한 가치를 살펴보도록 하자.

집중 트레이닝 코스

📌 내 주변의 부자 멘토를 찾아보자.

_____

_____

📌 멘토의 무형자산은 무엇인가?

_____

_____

📌 내가 갖고 싶은 부자의 무형자산은 무엇인가?

_____

_____

3장

걱정하며 살 것인가
공부하며 살 것인가

인생PT

사람은 두 가지 유형이 있다. 시작도 전에 걱정이 앞서는 사람 그리고 해결 방법을 찾아 적극적으로 맞서는 사람이다. 이는 사람들이 낯선 상황이나 처음 경험하는 일을 맞닥뜨렸을 때의 반응이다. 시간이 지나고 상황과 경험이 반복될수록 두 유형의 사람은 확연한 차이를 보인다. 같은 점에서 시작했어도 방향이 다르면 갈수록 그 차이가 벌어지는 것처럼 말이다. 돈도 마찬가지다. '돈 돈 돈'이라며 걱정만 하는 사람과 불평보다는 적극적으로 공부하는 사람은 전혀 다른 삶을 살게 된다.

돈에 대해 공부하겠다는 결심

돈을 공부하자는 결심은 빠르면 빠를수록 좋다. 20대라면 내 미래를 스스로 만들겠다는 목표로 결심할 수 있고 30대라면 내 자녀에게 부를 물려주겠다는 목표로 결심할 수 있다. 40대라면 은퇴 후의 행복한 삶을 위해 결심할 수도 있다. 젊을 때 할수록 좋지만 나이가 들었어도 가져야 할 마음가짐은 한 가지이다.

'지금이 내 인생에서 가장 빠른 때이다.'

40대에 경제적 자유를 얻고 은퇴 후 캐나다에서 살고 있는 재테크 전문가 브라운스톤은 『부의 인문학』에서 "누구나 부자가 될 수 있는 시대의 도래는 가난한 사람을 더 힘들게 한다"라고 주장한다. 중세와 같은 신분제 사회에서는 사회구조 자체가 태생적인 가난을 초래했다. 가난은 명백한 사회구조의 병폐였다. 하지만 (여전히 사회구조의 모순이 존재하지만) 이제는 개인이 부자가 될 기회가 열려 있으며 이전보다 개인의 책임 또한 커졌다. 혹자는 가난을 변명할 수 있는 나이는 10대까지라고 말한다. 여전히 가난과 빈곤 문제는 국가적 그리고 사회적 병폐가 큰 요인이지만 그렇다고 해서 노력할 수 있는데 노력하지 않는 개인까지 다 사회의 탓을 할 수만은 없다. 부자가 되기 위해 세상을 바꾸는 방법도 있겠으나 여기서는 개인의 방법을 이야기하는 것이 주요한 목적이다.

나의 입장부터 정하자. 부자가 되기 위한 주도적인 삶을 살 것인가 아니면 변명만 하는 가난한 삶을 살 것인가? 부자가 되고자 주도적인 삶을 선택했다면 이제 인생을 바라보는 안목을 길러야 한다.

부자의 삶은 한순간, 하루, 한 달만 사는 게 아니다. 삶 전체의 문제이며 내 인생 전체를 아우른다. 부자의 삶을 살려면 지금 당장이 아닌 나의 삶 전체를 볼 줄 아는 안목이 필요하다. 부자의 삶을 고민하기 위해 나의 생애 주기를 살펴보자.

청소년기는 소비만 해도 되는 유일한 시기이다. 대신 부

모가 어떻게 하냐에 따라 자녀의 소비가 소득의 가치로 이어질지 말지 결정된다. 부모가 지나가듯이 한 말과 행동이 쌓여 자녀의 미래가 된다. 대부분 경제 관념과 습관의 토대는 부모에게서 물려받는다. 두 가지 상반된 삶을 비교해 보면서 현재 나의 삶은 어디에 가까운지 살펴보도록 하자.

늘 돈 문제로 싸우는 부모를 둔 중학생 경현 군

초등학교 때부터 스스로 돈 관리를 할 수도 있지만 보통 중학교 때가 그 시작인 경우가 많다. 보험도 15세부터 직접 가입할 수 있기 때문에 40대 중반의 부모가 자녀를 소개해 주는 경우가 많다.

늘 불평불만을 달고 사는 중학교 3학년 경현 군을 만난 것도 부모를 통해서였다. 외제 차를 타고 화려하게 치장하는 부부였는데 사전 상담에서는 3만 원이 채 되지 않는 보험료를 아까워했던 기억이 있어 그들의 자녀를 만나기 전 내심 걱정이 됐다.

엄마와 함께 등장한 경현 군은 누가 봐도 불량기가 가득한 친구였다. 사인을 해야 한다고 해서 억지로 나오긴 했지만 앉자마자 "얼마나 걸리는데"라며 짜증을 냈다. 내가 설명하는 30분 남짓한 시간 내내 다리를 떨고 비딱한 자세로 휴대폰을 만지다가 가도 좋다는 말이 떨어지자마자 엄마에게 돈을 달라고 당당하게 요구했다. 재빠르게 나가는 경현 군을 보면서 물었다.

"혹시 이 자리에 나오면 용돈을 주겠다고 말하셨나요?"
"그렇게 안 하면 말을 듣지 않아서요."

어머님은 난처해하며 대답했다. 그리고 우리는 1시간 넘게 대화를 나눴다. 남편의 사업이 3년 전부터 힘들어졌고 소비를 감당하지 못해 대출로 현재의 생활을 유지 중이었다. 아들은 비싼 학원을 보내고 용돈도 넉넉히 주고 있지만 매번 돈 때문에 싸우는 부모님을 보면서 학원도 빠지고 밤늦게 들어온다고 했다. 대화 내내 어머님은 눈물을 글썽거렸다.

"그럼 나보고 어떡하라고. 돈 없으면 당장 학원을 줄여!"

남편은 무책임하게 이야기하는 게 전부였고 급기야 최근에는 술을 먹고 넘어져 가벼운 뇌진탕까지 있었다. 경현 군은 돈 공부를 한다는 생각은 하지도 못하고 부모님 눈치만 보면서 본인이 쓸 돈만 걱정하고 있는 것 같았다.

자녀는 부모의 말과 행동을 보며 자란다. 돈을 잘 벌고 사업이 잘 풀릴 때 제대로 된 소비 습관을 정립하지 못하면 지금 당장은 힘들지 않아도 위기가 오면 작은 흔들림에도 휘청거릴 수밖에 없다. 소비 생활이 위주인 10대에 돈 걱정을 하지 않으려면 제대로 된 소비 습관을 기르는 것이 필수이다. 참지 않고 부자가 된 사람은 단 한 명도 없다.

자기계발 전문가이자 경제적 자유를 이룩한 다꿈스쿨의 청울림(유대열) 대표는 『나는 오늘도 경제적 자유를 꿈꾼다』에서 이렇게 이야기했다.

"먼저 쓰고 먼저 즐긴 사람 중에 부자가 된 사람은 없다. 모든 것은 우리 스스로가 결정하는 것이다. 먼저 즐기고 가난해질 것인지, 대충 즐기고 불안하게 살 것인지, 먼저 참고 자유로워질 것인지 우리가 정한 순서에 따라 우리의 삶은 배열될 것이다. 부자들은 먼저 참은 사람들이다."

자영업을 하는 성실한 부모님을 둔 초등학생 서현 양

우리나라에서 가장 성실한 사람들은 누구일까? 바쁘게 사는 사람은 많다. 아마도 내가 만난 이들 중 가장 성실한 사람은 성남 시장에서 횟집을 운영하는 부부일 것이다. 비교적 판매가가 낮은 시장에서 장사를 해 직접 시장을 다니며 원가를 절감했고 늘 같은 품질을 유지했다. 새벽에는 노량진 시장, 아침에는 가락 시장을 직접 다녀와 양질의 재료를 직접 손질했고 가게까지 직접 운영했다. 그렇게 하나하나 아끼고 발품을 파니 외모를 꾸밀 시간이 없을텐데 두 분의 차림새는 그들의 깨끗한 식당 내부처럼 늘 깔끔하고 단정했다.

초등학교 고학년이 되면서 볼 수 없었지만 3년 전만 해도 딸 서현 양은 언제나 식당 카운터 앞 빈자리를 차지하고 있었다. 늘 무언가를 끄적였다. 절반 이상 닳은 지우개와 빽빽하게 글씨가 쓰여진 노트가 늘 책상에 올려져 있었다.

소비를 주로 하게 되는 10대에는 부모의 역할이 중요하다. 절약의 중요성과 노력에 대한 보상만 제대로 알려 줘도 가정에서 하는 경제 공부는 성공한 것이다. 학용품을 잃어버리지 않고 끝까지 사용하는 경험은 누가 알려 준 것이 아니다. 근검절약과 성실이 몸에 밴 부모를 보고 본능적으로 깨달았을 가능성이 높다.

나는 상담 중 '아이들은 부모의 등을 보고 자란다', '아이들은 말한 대로 하지 않고 본 대로 한다'는 표현을 자주 사용한다. 횟집 부부에게도 똑같이 이야기했다. 그들은 격하게 공감하며 고개를 끄덕였다.

"우리는 믿음이 있어요."

성실하고 검소한 부모와 그들의 자녀, 어찌 보면 당연한 인과관계 아닐까?

월세 1,500만 원으로 시작해 20억 원의 자산가가 된 두 아이의 엄마 이지영 작가의 『엄마의 돈 공부』라는 책에는 이런 구절이 나온다.

"가정이란 사회의 작은 축소판이다. '가정에서 아이에게 어떤 가치를 심어주는지'가 '사회에서 아이가 어떻게 살아갈지'를 결정한다."

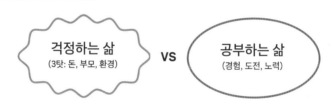

20대 청년기

걱정하는 삶
(3탓: 돈, 부모, 환경)

VS

공부하는 삶
(경험, 도전, 노력)

청년기의 핵심은 경험과 노력이다. 하지만 경험과 노력만을 강조하기 어려운 게 사실이다. 일자리 기회가 적은 것은 물론 요구되는 능력도 너무 많은 요즘, 20대는 가장 힘든 세대이다. 그렇지만 무언가를 '탓'하며 걱정하는 삶보다는 긍정적인 마인드로 도전하고 노력하며 공부하는 삶이 조금 더 많은 기회를 만들어 줄 것이다.

1부 · 인생과 돈

남들에게 좋아 보이는 일자리만 고집하는 미희 씨

친한 초등학교 동창생의 여자친구였던 미희 씨는 대학교 졸업반이었다. 친구는 나에게 미희 씨를 위한 재무 상담과 함께 취업 노하우를 나눠줄 수 있느냐며 부탁했다. 그때 나는 금융 멘토로 대학생 취업 봉사 활동을 2년간 했고 글 쓰는 걸 좋아해 후배들의 자기소개서도 자주 첨삭해 줬다.

미희 씨는 졸업을 유예한 채 인턴만 세 학기째하고 있는 상태였다. 들으면 알 만한 곳에서 인턴을 계속했지만 좀처럼 정규직 채용이 되지 않는 것 같았다.

"지금 뭐가 가장 힘들어요?"

자기소개서 쓰는 게 힘들다고 하면 첨삭해 주고 면접 준비가 힘들다고 하면 해당 회사 지인에게 물어봐 대답 요령을 알아봐 주려고 물어본 것이었다. 하지만 정말 힘든 건 그런 부분이 아닌 것 같았다. 미희 씨는 갑자기 우울한 표정을 지으며 대답했다.

"남들 기대치에 충족하지 못하는 제 자신이 미워서 힘들어요."

거의 울먹이며 시작한 이야기는 취업의 문턱을 넘기에

버거운 대학 수준, 마음껏 뒷바라지해 주지 못하는 부모, 늘 불황이라고 떠드는 취업 환경으로 이어졌다. 본인이 믿다는 이야기로 시작한 대화는 '나는 잘하고 있는데 주변이 문제'라는 탓으로 이어졌다.

가능성이 넘쳐나는 20대다. 불평만 하고 있기에는 시간이 모자라다. 핑계나 변명, 불평은 자신을 갉아먹는다. 존 소포릭John S. Soforic의 『부자의 언어』에는 다음과 같은 문장이 나온다.

"'실패의 99퍼센트는 변명하는 습관을 가진 사람에게 일어난다.' 농업 경제학자 조지 워싱턴 카버George Washington Carver의 말이다. 우리는 자신이 처한 경제적 조건에 결코 책임이 없지 않다. 잘못된 직업을 유지하는 것도, 불안정하게 사는 것도, 시간이 없는 것도, 돈을 모으지 못한 것도 다 우리 잘못이다. 모든 것이 그렇게 되도록 행동했고 계속 그렇게 하고 있다. 다른 이를 탓하거나 혹은 자신을 둘러싼 환경을 탓한다면 변화에 쓸 힘을 포기하는 것이다."

우리 자신은 모두 스스로 만든 것이다. 오직 성공한 사람들만이 그 사실을 인정한다.

경험을 통해 배우고 성장하는 종선 씨

증권사에 직접 오는 대학생은 드문데 앳된 차림의 학생이 들어와 계좌 개설을 한 적이 있다(지금처럼 비대면 계좌 개설이 활발하지 않았다). 직원이 안내해 투자 상담을 해야 하는데 마침 한가했던 내가 상담을 하게 됐다. 그 학생이 바로 지금은 어엿한 직장인이 된 종선 씨였다.

보통 학생 차림으로 찾아온 고객은 투자 금액이 높을 확률이 적기 때문에 대부분의 상담 직원이 선호하지 않는 경우가 많다. 하지만 종선 씨는 눈빛부터 달랐다. 아르바이트를 해 번 돈으로 투자를 시작하고자 계좌를 만들었고 전공이 아니지만 주식과 재테크를 열심히 공부하고 있다고 했다. 이미 기본 개념은 알고 있어 휴대폰으로 주식을 매수 및 매도하는 방법, 차트를 보는 방법, 코스피와 코스닥 주요 종목에 대해 간단하게 설명했다. 종선 씨의 잔고는 매달 조금씩 꾸준히 늘어나 1년 후에는 2천만 원이 넘었다.

시장과 주식 종목을 이야기하기 위해 가끔씩 연락을 주고받을 때마다 그는 여행 중이거나 무언가를 배우고 있었다. 여행지에서 느끼는 설렘과 새로운 것을 배울 때의 희열이 너무 좋다고 했다.

20대에 겪은 경험은 좋든 나쁘든 내면을 단단하게 해 주며 향후 크게 성장할 수 있는 단단한 토대가 된다. 도전과 성

인생PT

장을 좋아하며 꾸준히 노력했던 종선 씨는 얼마 전 우리나라에서 가장 큰 반도체 회사의 연구원이 됐다.

독일의 전설적인 트레이더이자 사업 실패 후 재기에 성공해 경제적 자유를 이룬 백만장자 보도 섀퍼Bodo Schafer는 『멘탈의 연금술』에서 이렇게 이야기한다.

"당신이 경험한 어려움은 당신의 멘탈 안에 깊이 새겨진다. 깊이 새겨져, 더 큰 어려움을 해결할 수 있는 밑거름이 되어준다. 10킬로그램짜리 아령을 든 경험이 15킬로그램짜리 아령을 들어올리는 추진체 역할을 하는 것과 같다."

30대부터는 본격적으로 성장을 경험한다. 일도 어느 정도 익숙해지고 본인의 미래를 예상해 절약을 하며 종잣돈을 마련하는 게 중요한 시기이다. 그리고 감정적인 컨트롤도 매우 중요한 시기이기도 하다.

나를 위한 소비를 중요하게 생각하는 대영 씨

주식 투자 동호회에서 알게 된 대영 씨는 직장인이다. 취업한 지 3년이 채 되지 않았지만 비교적 비싼 SUV 차량을 끌고 모임을 왔다. 이자율이 낮아 할부로 구매했으며 10개월 기다렸다가 받은 차라 더 애착이 간다고 이야기하는 모습에 자신감이 넘쳐 보였다. 동호회 모임이 끝나고 이동하는 방향이 같아 함께 차를 타고 가면서 돈은 잘 모으고 있냐고 물었더니 한숨을 크게 쉬며 대답했다.

"차 할부금이랑 카드값으로 다 나가고 나면 월급이 마이너스예요."

어떻게 월급이 마이너스가 될 때까지 소비를 할 수 있나 싶었는데 생각해 보니 경조사 두세 개로 휘청거렸던 30대 초반 나의 봄가을이 떠올랐다. 대부분 사회생활을 시작한 지 3년 정도 지나면 차를 사는데 그만큼 고정 지출이 늘어나 돈을 모으기 힘들어진다. 힘들게 일은 하는데 자산은 축적되지 않는 상황에 놓이는 것이다. 차가 아니더라도 과시나 보상 심리로 명품 가방이나 고가의 외투를 할부로 산 경험을 생각해 보자.

감정적인 컨트롤이 중요한 이유는 바로 여기에 있다. 직장 생활을 하다 보면 원치 않는 인간관계에 엮이기도 하고 일적으로 스트레스를 받을 일도 많다. 그래서 소비를 하며 그 감정을 해소하려고 하는 사람이 많다. '욜로Yolo'나 '소확행 소소하지만 확실한 행복'이 유행하고 보편화된 이유이기도 하다. 무조건적으로 절약하라는 것은 아니다. 하지만 내 감정이 불안한 상태에서 하는 소비는 일시적인 만족감을 줄지 몰라도 결국 자존감을 떨어뜨린다. 스스로 느낀 감정에 휘둘리지 않는 게 필요하다.

유튜버이자 재테크 작가인 김짠부 님은 『살면서 한 번은 짠테크』에서 감정과 관련한 누수 지출을 다음과 같이 이야기한다.

"문화생활처럼 변동 지출에서 중요하게 봐야할 점은 '누수 지출'이다. 꽤 많은 변동 지출이 어디에 쓴지도 모르는 지출이다. 누수 지출의 핵심은 '감정'이기 때문이다."

짠순이지만 교육에는 적극적으로 투자하는 주아 씨

나이가 어리다고해서 모두 다 저축에 서툰 것은 아니다. 20대를 대상으로 상담하면 대략 10명 중 두세 명 정도는 저축이나 지출 습관에 관심이 많다. 매일 가계부를 쓰며 소비를 체크하고 단기와 중장기로 나누어 꼼꼼하게 재테크를 하는 주아 씨도 그중 한 명이었다.

주아 씨는 오랜 고객의 소개로 만났다. 만나면 꾸준히 재테크와 관련한 대화를 나누곤 한다. 하지만 주아 씨도 입사 초기에는 급여가 200만 원 초반밖에 되지 않아 '이걸로 대체 뭘 할 수 있을까'하며 한숨만 쉬었다. 계속 비관만 하면 안 되겠다 싶어 여기저기 정보를 찾다가 '한 달 10만 원 살기'나 '21일 강제 저축'을 해보기도 했다. 누군가 효과를 봤다는 것은 다 했다.

투자수익률을 높게 올리려는 노력을 한 건 없었지만 처음에는 모이지 않는 것 같다가 6개월 정도 지나니 갑자기 목돈이 나타난 것처럼 보였다. 그때부터 '티끌 모아 티끌'이 아니라 '티끌 모아 종잣돈'이라는 생각이 들었다고 한다.

지금은 종잣돈을 마련해 주식 투자를 하며 돈을 불리고 있는 주아 씨가 유일하게 아끼지 않는 부분이 교육이다. 이전까지는 무조건 아껴서 모았다면 이제는 더 큰 삶을 위해 그 돈을 더 불리는 지식을 습득하는 게 필요하다는 생각이 들어 양질의 강의에 적극적으로 투자한다고 했다.

누구나 종잣돈을 마련하는 시기는 필요하다. 내 힘으로 부자가 된 사람 중 종잣돈을 마련하지 않고 부자가 되는 사람은 없다. 적든 크든 내가 손수 모은 종잣돈은 부자의 문으로 가는 열쇠가 되어 줄 것이다. 그러기 위해 가장 먼저 시작해야 하는 것은 주아 씨처럼 지출을 통제해 적은 금액부터 모으는 것이다.

직장 생활 25년을 바탕으로 정선용 작가가 아들에게 조언하듯이 쓴 『아들아, 돈 공부해야 한다』에는 다음의 내용이 나온다.

"부자가 되고 싶으냐? 그럼 먼저 지출을 줄여야 한다. 그리고 투자 지출을 확대하는 설계를 해야 한다. 소득을 늘리는 것은 다음 순서이다. 대부분 사람은 자꾸 지출이 아니라 소득에서 정답을 찾으려고 한다. 소득은 종속 변수이고, 지출은 독립 변수이다. 독립 변수인 지출을 효과적으로 활용해야 한다. 그래서 소득에는 왕도가 없다. 자기만의 지출 방식을 찾아 돈이 오는 길목을 지켜야 한다. 그쪽에서 눈 똑바로 뜨고 있어야 한다."

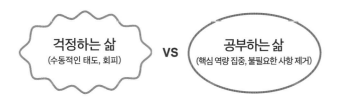

30대까지는 제대로 된 소비 습관을 기르고 종잣돈을 모

으는 시기였다. 40대부터는 본격적으로 개인의 성장에 집중해야 하는 시기이다. 나무에 비유하자면 30대는 뿌리를 깊게 내리면서 준비하는 시간이고 40대는 기둥의 높이와 크기를 키우는 시기이다.

성장하기 위해 가장 잘하는 핵심에 집중해야 한다. 또한 아니라고 생각되는 건 과감히 포기할 줄도 알아야 한다. 성장에 가장 중요한 건 핵심 역량에 집중하고 제한된 시간을 최대한 알차게 활용하는 것이다. 40대는 생애 주기 설계와 관련해 은퇴 준비를 효과적으로 할 수 있는 마지막 시기이기도 하다.

수동적인 태도로 잔머리 굴리며 직장 생활을 하는 김 차장

전 직장 선배인 김 차장은 회사 내에서도 뺀질거리는 것으로 유명했다. 후배가 들어오면 어떻게든 일을 떠넘기기 바빴고 주도적으로 맡아서 해야 할 일이 있으면 최대한 눈에 띄지 않으려고 숨어 다니기 일쑤였다. 열심히 일할 때가 1년 중 두어 번 정도 있는데 인사 평가가 이뤄지는 시기와 법인 카드로 회식을 할 때였다. 그때마다 윗사람의 비위를 맞춰 가며 그동안 자기가 후배들을 위해 얼마나 희생했는지 어필했다. 그의 말대로라면 팀의 모든 일은 본인이 하는 것이었다.

보험회사로 이직한 후 처음 영업을 했을 때였다. 전 직장 사람들을 대상으로 먼저 상담을 진행하는 프로세스가 있어 김 차장을 만나 상담을 진행했다. 법인 카드를 쓰면서 아낀 돈을 생각하면 재테크도 잘했을 것이라고 생각했다. 그러나 주식은 신용 대출까지 쓰면서 물려 있었고 월급은 생활비와 카드값에 고스란히 들어가 저축은 엄두도 못 내는 상황이었다. 유명한 대기업에 다닌다는 체면 때문에 사람을 만나면 매번 본인이 계산하고 자녀들도 그에 걸맞게 교육을 시켜 자녀 교육비도 지출의 꽤 큰 부분을 차지하고 있었다. 도와주지 못해 미안하다는 말로 상담을 마쳤다. 그리고 6개월 뒤 정리 해고 명단에 그의 이름이 올려졌다는 이야기를 전해 들었다.

40대에는 나를 잘 파악해 회사 내에서 승진을 꾀할지 능력을 키워 이직이나 창업을 해 돈을 벌지 명확하게 행동하는 게 중요하다. 나의 양어깨에 내 인생을 비롯해 한 가족의 미래가 달려 있을 수 있다. 수동적으로 '당연히 승진하겠지', '구조 조정이 있겠어?'처럼 생각하는 건 최악이다.

흔히 40대에 새롭게 무언가를 시작해 성공하는 건 불가능에 가깝다고 생각하며 압박을 받는다. 실제로 불가능하지는 않다. 얼마든지 시작해서 성공할 수 있다. 다만 이삼십 대보다 여러 가지 면에서 불리한 건 사실이다. 현재 상황에서 자신의 위치를 솔직하게 인정하고 가장 잘하는 핵심 역량에 집중해야 한다.

'단희쌤'이라는 필명으로 유명한 인기 유튜버 이의상 작가는 혹독한 실패를 경험하고 이겨 낸 경험을 바탕으로 쓴 『마흔의 돈 공부』에서 이렇게 이야기했다.

"자신을 재정의하기 위해 가장 먼저 해야 하는 것은 무엇일까요? 당연히 '지금 자신을 정확히 파악하는 것'입니다. 현재의 내가 어떤 사람인지도 모르면서 미래의 나를 그리기란 불가능할테니까요."

시간을 분 단위로 쪼개 쓰는 신 사장님

신 사장님은 전 직장 동료 소개로 만난 분으로 두 아이의 엄마이자 공유 오피스 두 군데를 관리하는 사장님이다.

40대는 회사나 가정에서의 역할이 많아져 돈보다는 시간이 소중한 시기이다. 내가 해야 할 일을 집중해서 하고 불필요하게 시간을 소비하는 활동은 과감히 포기할 줄 아는 게 중요하다. 회사 생활을 잘하는 사람은 회사에 집중해 지금 회사에서 임원이 될지 아니면 커리어를 관리하면서 이직을 할지 결정하고 준비해야 한다. 반면 사업 역량이 뛰어난 사람은 관련 분야로 확장을 시도하거나 초기 사업을 안

착시켰던 노하우로 전혀 다른 분야에 도전할지 말지 결정해야 하는 시기이다. 30대는 다양한 경험을 하며 내가 잘하는 분야를 명확하게 파악해야 했다면 40대는 한눈팔지 말고 내 목표를 향해 달려가야 하는 시기이다.

신 사장님은 새벽 5시에 일어나 온라인으로 독서 모임을 하고 두 아이를 등교시킨 뒤 출근해 열심히 일한 후 퇴근 후에는 인생 2막을 위해 글쓰기 수업을 듣는다. 공유 오피스 온라인 마케팅을 본인 스스로 할 정도로 디지털 환경에 능숙하고 은퇴 이후의 삶도 계획대로 차근차근 준비하고 있다.

잡코리아, 알바몬에서 직장인을 대상으로 실시한 설문조사에 따르면 직장인이 예상하는 퇴직 연령은 평균 49.7세이다. 퇴직 후 다른 일을 할 수도 있지만 금융적으로나 일적으로나 미리 준비할 수 있는 상한선은 40대이다. 우리나라에서 비과세로 연금을 마련하려면 150만 원 이하로 10년 이상 투자해야 한다. 50대부터는 10년 이상을 준비하기 더 어렵다.

핵심 역량을 잘할 수 있는 일에 집중해 본인을 성장시키듯이 자산의 규모를 키우고 은퇴 후 삶을 미리 계획하는 게 40대에는 필수적이다. 이전까지는 다른 사람 탓을 할 수 있고 변명도 할 수 있지만 40대부터는 온전히 자신의 책임이다. 주식농부라는 필명으로 유명하면서 1,500억 원이 넘는 자산가인 박영옥 작가는 『돈, 일하게 하라』에서 이렇게 이야기했다.

"그러나 부연설명이 붙는 것도 30대까지다. 40대가 되면 더 이상 변명의 여지가 없다. 아이였을 때는 자기가 태어나게 해달라고 빈 것도 아니고 부모를 선택한 것도 아니므로 가난에 대한 책임이 없다. 그냥 그 집에서 태어났을 뿐이다. 그러나 시간이 지날수록 책임의 양은 서서히 늘어나고, 40대가 되면 온전히 자신의 책임이 된다."

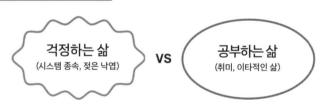

50대 은퇴 준비기

걱정하는 삶
(시스템 종속, 젖은 낙엽)

VS

공부하는 삶
(취미, 이타적인 삶)

50대는 현실의 벽을 실제로 경험하는 시기다. 40대까지는 욕심만 줄이면 나를 필요로 하는 곳이 있지만 50대는 냉정한 평가를 직면해야만 한다. 지금까지 내가 살아온 삶이 마치 성적표를 받을 때처럼 현실화돼 다가온다. 회사에서 버티는 것만 남은 사람은 젖은 낙엽처럼 끈질기게 붙어 있는 방법밖에 없다. 반면 남들보다 열심히 살며 한 계단씩 묵묵히 올라온 사람은 이전의 삶을 확실히 보상 받고 위로 올라갈 수 있는 사다리가 주어진다. 물론 새로운 인생을 모색할 수도 있지만 떨어진 체력과 판단력으로는 힘들다. 섣부른 투자와 새로운 시도는 가급적 피하고 취미와 봉사 활동을 하면서 곧 다가올 은퇴 이후의 긴 시간을 준비해야 한다.

높은 연봉과 편리한 회사 시스템에 종속된 김 부지점장님

김 부지점장님은 명문대를 나와 ROTC 특채로 입행해 우리나라에서 가장 오래된 은행에서 27년째 근무 중이다. 젊었을 때 누구보다 열심히 일했지만 지금은 희망퇴직 명단 1순위로 올라 울며 겨자 먹기 식으로 다니고 있다. 2년 전 있었던 구조 조정에서는 겨우 넘어갔지만 점점 버티는 게 힘들어져 이번에는 어떻게 할지 고민한다. 이전에는 명예퇴직금 조건도 좋았는데 이번에는 그마저도 많이 줄어 2년을 버틴 자신이 한심할 정도라고 했다.

처음 부지점장님을 만난 건 20년이 된 보험을 해지하겠다는 요청이 온 그 날이었다. 전교 1, 2등을 하는 고등학교 3학년 아들이 있는데 명문대 수학과를 가고 싶어 해 수능 전에 고액 과외를 시키고 싶다는 이유였다. 은행을 다니며 모았던 돈은 어떻게 했냐고 물으니 꾸준히 모았던 자금은 집과 부모님 의료비에 정기적으로 들어갔다고 한다. 현재는 현금을 마련하는 유일한 방법이 보험 해지라고 했다.

은행, 증권 같은 금융권에 종사하는 사람들은 단기적인 재테크는 잘하지만 장기적인 재테크에는 유독 약하다. 현재의 단기 투자수익률에 매몰돼 긴 계획이 필요한 장기 투자에 취약하다. 게다가 회사의 잘 갖춰진 시스템에는 익숙해 새로운 환경을 만들어 내거나 주도하는 것에는 두려워하는 경향이 있다. 삼사십 대에는 동창들보다 더 잘나가고 대학 동기 중에서도 연봉이 높은 축에 속해 이직이나 새로운 사업 제안이 와도 대부분 무시한다.

김 부지점장님도 마찬가지였다. 친구 중에서 제일 잘나 갔고 집안의 자랑이었다. 하지만 50대 중반인 지금 희망퇴직 명단에 1순위로 올랐고 그것이 지금 그 앞에 닥친 현실이었다. 결국 아들은 원하는 대학의 수학과에 입학했지만 군대를 포함해 대학을 졸업할 때까지 뒷바라지를 버틸 수 있을지 자신이 없다고 했다. 현재 일하는 부지점장이라는 직책도 희망퇴직 명단에 포함된 사람에게 주어진 봉사직 같은 것이었다. 임금피크제를 적용받으며 끝까지 버틸지 아니면 과감하게 박차고 나가 다른 일을 할지 결정해야 하는데 둘다 쉽지 않다고 했다.

일본의 납세액 10위 안에 드는 사이토 히토리齋藤一人의 『부자의 운』에는 이런 말이 소개된다.

"사람이 늙는다는 사실을 받아들이는 것도 경제관념입니다."

장기적인 계획을 갖고 준비하는 건 빠르면 빠를수록 좋다. 회사와 월급은 영원하지 않다. 50대, 60대의 삶도 다른 사람의 삶이 아닌 바로 나의 삶이다.

새로운 투자와 봉사 활동으로 인생 2막을 준비하는 장 선생님

소액의 적립식 펀드 상담으로 시작해 지금까지 인연을 맺고 있는 장 선생님은 30년 넘게 교직 생활을 하고 있다. 누구나 존경하는 직업과 은퇴 후 안정적인 연금이 예정됐지만 현실에 안주하지 않고 시간을 쪼개어 바쁜 시간을 보내고 있다. 방학 동안에도 미리 계획을 세우고 무언가를 배우는 데 시간을 투자한다. 퀼트, 자수, 캘리그라피 등 다양한 취미에 능하고 주말에는 한센인 복지시설에서 봉사 활동을 10년 넘게 해 오고 있다. 어느 날, 선생님께 물었다.

"왜 그렇게 바쁘게 사세요?"

장 선생님은 먼저 퇴임한 선배 교사들을 보니 너무 무료하고 심심해 보였다고 한다. 치열하게 살아온 직장 생활 시기보다 은퇴 후 노는 시기가 더 긴데 본인은 그 시간을 쉬면서 보내기 싫다고 했다.

월급과 재테크로 노후 자금을 마련하는 건 정말 중요하다. 하지만 은퇴가 가시권에 들어오기 시작하는 50대에는 새롭게 투자하기보다 기존에 해 왔던 방식을 잘 유지하는 게 더 낫다. 눈덩이를 굴리듯이 자연스럽게 불려 나가는 게 중요하다. 아무리 수익률이 좋고 확실하다고 해도 신규 투자는 주의해야 한다. 열심히 모은 돈이 줄어들면 50대에는 복구할 시간이 없다. 장 선생님도 적립식 펀드와 일정 금액만 주식형 자산에 투자할 뿐 새로운 투자에는 관심을 갖지 않는다.

새롭게 투자할 에너지와 시간을 모아 평생 할 수 있는 취미를 만들고 봉사 활동을 통해 이타적인 삶을 사는 게 더 필요하다. 은퇴 이전까지는 직업과 자녀를 통해 다른 사람들과 교류했다면 은퇴 이후부터는 취미를 통해 다양한 사람들과 교류한다. 등산, 테니스 같은 운동도 좋고 퀼트나 베이킹처럼 손으로 하는 것도 좋다. 봉사 활동도 꼭 필요하다. 인생은 더불어 사는 것이라는 걸 배우고 이타적인 삶을 통해 내 삶을 돌아보는 것은 나이가 들며 겪는 필수 과정이다.

앞으로 내가 겪게 될 일을 먼저 경험한 이들의 목소리를 놓치지 말자. 그러면 더 나은 인생 후반기를 준비하며 더 겸손한 마음으로 값지게 살 수 있을 것이다. 인생은 생각보다 길다. 50대는 인생의 후반부를 좌우하는 중요한 시기이다. 50대에는 알아볼 수 있는 눈이 필요하다. 연봉 4억 원 트레이더 출신 천영록 대표의 『부의 확장』에는 이런 이야기가 나온다.

"인생을 바꿔줄 기회는 항상 완제품이 아니라 원자재의 모습으로 당신 앞에 나타남을 기억하라. 5,000원짜리 제품이 되느냐, 5억짜리 작품이 되느냐는 오직 당신의 해석으로 결정된다."

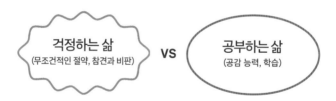

60대 이전까지는 돈을 모으는 데 80% 집중했다면 60대에는 돈을 사용하는 데 80% 집중해야 한다. 그냥 사용하는 게 아니다. 잘 사용하는 것이 중요하다. 소액을 무턱대고 아끼려고만 하면 오히려 큰 지출이 초래되는 일이 더 심해지고 삶에 큰 영향을 미친다. 무조건적인 절약이 미덕은 아닌 시기이다. 재무적인 관점에서 현금 흐름이 가장 중요하다.

60대에는 인정을 받고 싶은 욕구가 강해져 자신이 살아온 경험을 토대로 다른 사람을 쉽게 평가하게 될 수도 있다. 이는 인생을 외롭게 만든다. 지금까지 살아온 연륜과 노하우로 위아래 사람에게 공감하는 능력은 정말 중요하다. 그리고 무엇보다 학습이 중요하다. 호기심이 많아 새롭게 익히는 사람은 늙지 않는다는 장점도 있지만 겸손해진다는 큰장점이 있다. 배우기로 마음만 먹는다면 인생은 배울 것이 많다. 60대에도 10대만큼이나 충분히 배울 게 많다.

참견과 비판을 일삼는 건물 관리인 천 사장님

천 사장님은 2000년대 초반까지 오산에서 현관문 제작을 하던 회사 대표였지만 현재는 강남의 한 건물 관리인으로 일하고 있다. 20년 전 회사를 운영하던 습관은 여전해 화장실의 사소한 비품부터 주차장의 주차 위치까지 관여하곤 한다. 참견은 불평불만으로 이어져 소싯적 잘나갔을 때 이야기로 연결된다. 본인보다 어린 직원에게 잘못된 점을 지적하고 구하지도 않은 조언을 한다. 지각을 해 허둥지둥 출근하는 직원들이 엘리베이터 앞에서 기다리고 있으면 꼭 한마디를 하고 저녁에 술 한잔하고 사무실에 들리는 직원이 있으면 잔소리를 한다. 이에 일부러 음악을 들으면서 무시하는 직원도 많다고 하니 안타까운 일이다.

천 사장님에게는 결혼을 앞둔 아들과 이제 막 취업을 한 딸이 있는데 한 푼이라도 아껴야 자녀들에게 짐이 되지 않는다며 당신의 노후는 다 준비됐다고 자신했다. 은행 예금이었다. 은퇴 후에도 일하고 있지만 노후 준비에 자신하는 대부분은 금액이 얼마가 되었든 은행 예금인 경우가 많다. 은행 예금만으로 노후 자금을 준비하면 발생하는 문제점은 모두에게 동일하다. 수명을 예측할 수 없기 때문에 발생하는 문제점이다. 얼마가 되었든 이제껏 힘들게 모은 노후 자금을 나의 기대 여명으로 나누어 매달 조금씩 사용하는 건 불가능하다. 그래서 대부분 노인은 무조건적인 절약을 한다. 나아가 아예 쓰지 못하는 극빈을 택하는 경우도 많다.

베푼 만큼 돌아오는 건 세상의 이치이다. 60대에는 무조건적인 절약보다는 쓸 때 쓰는 현명함이 노후를 더 풍요롭게 만든다. 자녀들이 취업이나 결혼, 출산, 주택을 마련하는 삶의 새로운 국면에 섰을 때 부모가 자녀를 도와주는 경우 몇 배가 돼 돌아온다. 지금은 낮은 이자율과 높은 부동산 가격으로 부모보다 못 사는 자녀가 많은 시대이다. 금액의 크기가 중요한 게 아니라 마음의 크기가 더 중요하다. 나이가 들었다고 받기만 하기보다 작은 것이라도 주려고 고민하고 실제로 주는 것이 노후를 더 풍요롭게 만든다. 친구들을 만

날 때도 마찬가지다. 내가 먼저 지갑을 열어야 나에게 돌아
온다.

가급적 비판을 하지 않는 것도 중요하다. 인생이 원하는
대로 잘 풀리지 않은 채 후반전을 맞이한 60대는 사회나 가
족, 아랫사람에게 해 주고 싶은 이야기가 정말 많을 것이다.
나와 같은 시행착오를 겪지 않았으면 하는 선의 때문이다.
천 사장님도 같은 이유일 것이다. 하지만 비판과 평가만 하
는 사람 곁에서 함께하고 싶은 사람은 없다. 친구나 가족도
마찬가지다. 남은 인생을 외롭게 보내고 싶지 않으면 비판
하기보다는 응원을 하고 고집을 부리기보다는 잘 들어주는
게 좋다.

경영학 교수로 9년간 30여 개 대학에서 돈의 진정한 가
치를 전파한 임석민 교수는 『돈의 철학』에서 "돈을 버는 건
기술이지만 돈을 쓰는 건 예술"이라고 하며 돈을 사용하는
것의 중요성을 이야기한다.

> "돈이 주는 진짜 즐거움은 돈을 바르게 쓸 때 나타난다. 돈
> 을 바르게 쓰면 삶이 윤택해진다. 돈은 바르게 사용하면 좋
> 은 것이 되고, 나쁘게 사용하면 나쁜 것이 된다. 타인과 사
> 회를 위해 돈을 써야 한다."

안정적인 현금 흐름으로 인생 2막을 살고 있는 공감왕 황 여사님

황 여사님은 정말 남부럽지 않은 노후를 보내고 있다. 평생 교수로 살아온 남편의 연금이 있고 자식들은 의사와 변호사가 됐다. 남부럽지 않은 삶이다. 10년 넘게 봐 온 결과 포인트는 은퇴에 꾸준히 관심을 가지면서 준비한 현금 흐름이었다.

젊었을 때부터 부동산과 주식, 연금 투자를 하며 가정의 자산을 불렸고 본인의 노후를 꼼꼼하게 준비했다. 자녀를 키우느라 일을 하지 못해 국민연금을 비롯한 공적연금이 부족할 것을 알고 미리 연금에 투자했으며 향후 원하는 나이에 월 지급식으로 받을 수 있는 펀드에도 투자했다. 무엇보다 중요한 건 바리스타 심사위원으로 일하면서 받는 100만 원이라는 월 소득이었다. 든든한 연금 덕분에 취미 생활을 즐기며 부수입도 버는 것이다.

은퇴 후 월 100만 원의 현금 흐름은 현재 은행 금리인 1.0%로 감안하면 이자소득세를 배제하더라도 12억 원이라는 원금과 같다. 소득은 크지 않더라도 본인이 할 수 있는 일을 준비해 온 덕분에 자산가가 누리는 행복을 동일하게 누리고 있다.

황 여사님의 또 다른 강점은 공감 능력이다. 다른 사람의 말을 충분히 듣고 이해한 후 필요하다면 메모까지 한다.

매번 가지고 다니는 수첩에 메모를 하는데 20년 전에 있었던 일까지 적혀 있다. 세세하게 기억하는 황 여사님과 대화를 하다 보면 우리의 관계가 누적돼 점점 깊어지는 기분이 든다. 영업 초기 황 여사님에게 소개받은 고객이 많았는데 황 여사님처럼 받기보다 더 주려고 하고 늘 배려하는 태도가 몸에 밴 분들이었다.

내 주변은 나로 인해 결정된다. 인생 전반에 걸쳐 모두 동일하지만 은퇴 이후의 관계는 100% 이전의 관계가 누적된 결과이다. 의무적인 관계는 이미 대부분 해소된 시점이다. 보도 섀퍼의 『보도 섀퍼의 돈』에는 이런 구절이 나온다.

"모든 책임은 항상 나 자신에게 있다는 사실을 제대로 인식하지 못하면 재산을 모으는 것은 불가능하다. 책임은 국가에, 주변 여건에, 배우자에, 교육에, 건강에, 그리고 경제적인 상황에 있지 않고, 바로 나 자신에 있다."

지금이 어떤 시기이든 돈을 공부하겠다는 생각은 빠르면 빠를수록 좋다. 그 결과로 가장 만족감을 느끼는 것은 본인 자신이다. 우리의 먼 미래를 상상하는 능력은 근육처럼 후천적으로 길러야 하는 능력이다. 순식간에 30대가 되고 40대가 된다. 10대의 나도, 20~30대의 나도, 그리고 60대의 나도 결국 모두 소중한 나이다. 지금의 나를 위로하기보다는 조금 더 긴 안목을 갖고 40대의 나 아니면 더 이후의 나를 생각해 보자. 먼 미래를 보는 관점에서 '돈 공부'를 바라보면 나에게 진정으로 필요한 것이 무엇인지 알 수 있을 것이다.

집중 트레이닝 코스

📌 나는 돈 걱정을 하는 사람인가 아니면 돈 공부를 하는 사람인가?

_____

_____

_____

📌 돈 걱정을 하며 사는 내 주변의 사람을 떠올려 보자.

_____

_____

_____

📌 돈 공부를 하며 사는 내 주변의 사람을 떠올려 보자.

_____

_____

_____

4장
시간의 진실과 재무 목표, 로드맵의 중요성

모든 사람에게 동일하게 주어지는 것은 단 한 가지밖에 없다. 바로 시간이다. 하루 24시간을 사용하는 방식은 사람마다 천차만별이다. 누군가는 졸린 눈을 비비며 한 글자라도 더 공부를 할 것이고, 누군가는 사업의 종잣돈을 마련하고자 새벽같이 일어나 투잡을 뛸 수도 있다. 그리고 다른 누군가는 TV를 보며 시간을 보내거나 친구를 만나 수다를 떨 수도 있다. 어떻게 시간을 보낼지는 우리의 선택에 달렸다.

시간을 사용하는 방식으로 무엇이 가치가 있고 없는지 이야기하려는 의도가 아니다. 다양한 부자들을 관찰하고 대화한 결과 시간과 관련한 두 가지 중요한 진실을 깨달았다.

첫째, 과거의 모든 시간이 쌓여 나를 이룬다.

긍정적인 활동을 하며 보낸 시간은 당연히 나를 이루는 중요한 요소가 된다. 의사가 되려면 의학을 공부해야 하고 변호사가 되려면 법을 공부해야 한다. 마찬가지로 축구 선수는 축구를 하며 보낸 시간이 쌓여 프로 선수가 된다. 모든 직업은 해당 직업에 요구되는 노력의 시간이 쌓이지 않으면 그 존재가 될 수 없다. 반대로 소홀하게 흘려보낸 시간도 흉터처럼 남아 있다가 언젠가는 그 존재를 드러낸다.

둘째, 시간은 인생을 이루는 가장 핵심적인 요소다.

10대부터 공부하며 사는 사람이 있을 수 있고 40대 이후에 공부하며 사는 사람이 있을 수 있다. 어떤 인생이든지 각자의 이유로 특별하고 존중받아야 마땅하다. 하지만 되도록 일찍 공부하는 삶을 선택하는 것을 추천한다.

인생의 중요한 가치를 실현하는 데는 당연히 시간의 법칙을 따라야 한다. 한정된 시간을 어떻게 사용할 것인가의 문제다. 부자는 공부, 운동, 노력, 잠, 음식 등 인생의 모든 것이 시간과 긴밀하게 연관되어 있다는 사실을 더 일찍 깨우친 사람이다. 나이가 들어 병에 걸리거나 건강이 안 좋은 사람과 이야기하면 '미리 운동할걸' 혹은 '미리 음식을 가려 먹을걸'하고 후회한다. 돈과 관련해서도 마찬가지다. 돈 역시 한정된 시간을 사용해야 한다. 그러니 돈 공부를 하는 시간은 빠를수록 좋고, 치밀할수록 좋다.

10대부터 60대까지 관통하는 중요한 것이 하나 있다면 바로 재무 목표이다. 생애별 목표는 다를 수 있지만 목표가 반드시 있어야 한다는 사실은 모두 똑같다. 나이와 상황별로 설명했지만 돈 공부를 하는 사례들 모두 명확한 목표가 있었다.

인생을 항해에 비유한다면 목표는 목적지에 해당한다. 목적지 없이 출항하는 배가 있을 수 있을까? 배를 아무리 튼튼하게 만들어도 항구에만 정박해 있는 배는 아무 의미 없다. 목적지를 정하고 선원을 모집하고 구체적인 항해 계획을 세워야만 배는 제 역할을 한다. 우선순위에서 밀릴 수는 있지만 출항 직전까지 반드시 목적지는 있어야만 한다.

로드맵은 구체적인 항해 계획에 해당한다. 항해가 길어질 경우를 대비해 연료를 보충할 지점이나 선원의 건강 상태를 확인하는 지점을 미리 계획하고 준비해야 한다. 물론 중간에 틀어질 가능성은 충분히 있다. 여기서 중요한 건 계획이 있느냐는 것이다.

목적지를 정하고 계획을 세워 항해를 시작했다. 그렇다면 이제 나는 무엇을 하면 될까? 무엇을 해야 할지 잘 모르겠다면 한 가지 질문에 답을 해 보자. 지금까지 계획대로 된 경우가 많은가? 그렇지 않은 경우가 많은가?

계획대로 된 경우가 많았다면 치밀하게 계획을 세우는 사람이다. 이전에 해 왔던 대로 재무 목표를 세우고 인생을 항해하면 된다. 계획대로 되지 않아도 좌절할 필요 없다. 배를 이끄는 선장의 임무는 기후나 바다 환경이 바뀌더라도 혹은 다른 조건으로 경로를 이탈하더라도 배로 목적지를 향해 이끄는 것이다. 목적지로 안전하게 가는 것이 선장의 역할이 아니라 수많은 변화와 악조건 속에서 경로를 이탈할 때 다시 경로로 끌고 들어와 목적지로 갈 수 있게 하는 것이 선장의 진정한 역할이다. 인생이 경로를 이탈할 때 어떻게 다시 경로로 들어올 수 있는지 이후의 내용을 따라가 보자.

집중 트레이닝 코스

📌 내가 생각하는 미래의 모습은 어떠한가?

연령대	내가 생각하는 모습
10대	
20대	
30대	
40대	
50대	
60대	

📌 나만의 재무 목표를 세워 보자.

기간	재무 목표
단기(1~3년)	ex) 100~1000만 원 만들기, 자동차 구입, 해외여행
중기(3~5년)	ex) 주택 대출 상환, 결혼 자금 마련, 부모님 고희 자금 준비
장기(5~20년)	ex) 주택 자금 마련, 본인 유학 자금, 자녀 교육 자금, 노후 준비

📌 목표를 점검할 주기를 정하자(ex. 1분기, 6개월, 1년 등).

_____

_____

_____

2부

태도와 돈

부자에게는 그들을 부자로 만들어 준 태도와 자세가 있다. 놀라울 정도로 공통된다. 태도가 제대로 되지 않으면 돈을 아무리 많이 벌더라도 지킬 수 없다. 돈은 누구나 언제든지 모을 수 있다. 하지만 태도는 어렵다. 태도를 익히고 습관화해야 할 때는 바로 지금이다.

1장

부자는 이미 결정되어 있다

2015년 금수저와 흙수저라는 말이 유행했다. 부모나 조부모의 부에 따라 앞으로 나의 인생이 정해진다는 수저 계급론이다. 아무리 열심히 일해서 벌어도 윗세대에서 축적한 부를 따라갈 수 없다는 인식이 강해진 세태를 보여준다. 부모나 조부모가 부자가 아니면 난 영원히 부자가 될 수 없는 것일까? 그렇지 않다.

앞서 생애 주기별로 '돈 걱정을 하는 삶'과 '돈 공부를 하는 삶'을 비교했다. 가난을 변명할 수 있는 나이는 30대까지이다. 부모에게 부를 물려받았든 자수성가해 부자가 되었든 40대부터는 부를 지키고 유지해야 하며 이를 더욱 확대하는 건 개인의 능력이다.

부자를 알아볼 수 있는 확실한 지표가 있다. 바로 태도이다. 부자이기에 태도가 만들어지는 게 아니다. 태도 때문에 부자가 만들어지는 것이다. 인생을 대하는 좋은 태도가 모여 자연스레 부를 끌어들이고 부가 축적돼 부자가 된다.

부자나 성공한 사람의 자서전을 보면 비슷한 이야기를 한다. 그래서인지 자서전과 자기계발서를 '다 똑같은 이야기'라며 읽지 않는다는 사람도 많다. 나도 같은 생각을 한 적이 있다. 대학 시절 경영학과 심리학, 처세술 관련 책을 꾸준히 읽었다. '1년에 책 100권 읽기'를 하며 책머리에 숫자를 표시하며 열심히 읽을 때도 있었다.

열정적으로 탐독했지만 직장인이 되고 나서는 정말 언제 그랬냐는 듯 책을 멀리하게 됐다. 실무에 도움이 되는 책이나 회사에서 권장하는 도서만 읽은 게 전부였다. 책 이야기가 나오면 누구보다 열정적으로 말했지만 과거에 읽었던 책만 이야기할 뿐이었다.

한때 정말 책을 열심히 읽었지만 책은 다 거기서 거기라며 현재 책을 읽지 않는 걸 정당화하기 바빴다. '왜 다 비슷한 이야기를 할까?'나 '책 한 권이면 200페이지가 넘고 10만 글자가 넘는데 왜 천편일률적인 설명을 할까? 굳이 책으로 낼 필요가 있을까?' 하는 의문점이 해소된 건 책 속에서 '삶의 해결책'을 발견했을 때였다.

부모가 아이를 키우며 하는 말은 큰 차이가 없다. '조심해라', 'TV 가까이에서 보지 마라', '일찍 자라' 등 비슷하다. 부모가 재미없고 단순한 사람이기 때문이 아니다. 아이보다 먼저 삶을 산 사람으로서 기본이 되는 중요한 사항을 알려주는 것이다.

자서전이나 자기계발서도 마찬가지다. 기본적인 것이 가장 실천하기 힘들다. 우리 삶에서 열정, 성실, 노력, 공부 같은 기본적인 사항은 중요하다. 작가가 책을 통해 이야기할 수 있는 건 모두 알고 있지만 실천하기 힘든 기본적인 사항뿐이다.

그렇다면 부자의 삶에도 기본적인 사항이 있지 않을까 하는 의문이 들었다. 의문을 가진 순간부터 부자와 주변 사람을 관찰하기 시작했다. 그 결과 부자가 되는 과정에서 가장 중요한 건 태도라는 결론을 내렸다. 지금 주위를 둘러보자. 연봉과 직업, 학력에 상관없이 가까운 미래에 부자가 될 수 있는 사람은 태도부터 다르다.

우리에게는 두 가지 선택권이 있다. 부자가 될 때까지 부자의 태도를 유보할 것인지 아니면 아직 부자는 아니더라도 태도부터 바꿀 것인지이다. 태도는 한 번에 바뀌지 않는다. 갑자기 부자가 돼 부자가 가진 교양과 태도, 문화를 학습하지 못해 졸부처럼 보이는 건 어쩔 수 없다. 어차피 될 부자라면 지금 당장 태도부터 바꿔 보자. 부를 쌓는 것은 시간이 걸린다. 하지만 태도를 만드는 것은 지금 당장 할 수 있다. 지금부터 부자를 결정하는 태도를 살펴보며 우리의 태도를 점검해 보자.

집중 트레이닝 코스

📌 부자는 좋은 사람이라고 생각하는가? (Y or N)

_____

_____

_____

📌 내가 갖고 있는 긍정적인 태도 세 가지를 적어 보자.

_____

_____

_____

📌 내가 갖고 있는 부정적인 태도 세 가지를 적어 보자.

_____

_____

_____

2장

긍정은
노력의 산물

방은 아무것도 하지 않으면 먼지가 쌓이고 우리 몸은 씻지 않으면 더러워진다. 생각도 마찬가지다. 아무 노력도 하지 않고 방치하면 우리를 지배하는 건 부정적인 생각이다. 긍정적인 생각을 하려면 인위적인 노력이 수반돼야 한다. 부자가 바로 이런 노력의 대가이다.

부자들은 돈을 긍정적으로 생각한다. 자신을 부자로 만들어 주고 현재의 삶을 살 수 있도록 해 준 것이 돈이기에 긍정적인 것도 있지만 액수에 상관없이 돈 자체에 긍정적인 경우가 많다. 그들이 긍정적으로 생각을 하는 데에는 세 가지 이유가 있었다.

첫째, 돈으로 시간을 살 수 있다고 생각한다.

모든 사람에게는 24시간이 주어진다. 그러나 시간이 지나면 지날수록 부자와 가난한 사람은 차이가 생긴다. 부자는 점점 더 부자가 되고 가난한 사람은 점점 더 가난해진다. 부자들은 시간이 모든 사람에게 동일하다는 사실을 인정한다. 인생에서 더 중요한 것을 위해 다른 사람의 시간을 살 수 있다면 그리고 내가 그것으로 더 많은 걸 이룰 수 있다면 돈을 긍정적으로 생각할 수밖에 없다.

둘째, 돈을 정당한 노력의 대가라고 생각한다.

스포츠 분야를 예로 들어보자. 세계적으로 유명한 운동선수는 본인의 신체 조건과 실력, 노력을 바탕으로 평가받으며 그 결과는 연봉에서 명백히 드러난다. 부자의 생각도 같다. 내가 투자한 노력만큼 얻을 수 있는 게 돈이라고 생각한다. 액수는 일시적으로 적을 수도 있다. 타이밍이 안 맞을 수도 있다. 하지만 내가 한 노력은 없어지지 않기에 돈의 절대적인 금액에 연연하지 않는다. 그들은 내가 열심히 해서 벌어들인 돈은 액수에 상관없이 소중하다고 여긴다.

셋째, 돈을 가족을 지켜주는 소중한 존재라고 생각한다.

흔히 부자들이 자신들이 부자가 될 수 있었던 원동력으로 첫 손에 꼽는 것이 있다. 바로 힘들었던 삶의 경험이다. 돈이 많다고 다 행복한 것은 아니지만 가족이 아프거나 사고가 났을 때 비교적 걱정을 덜해도 된다. 하지만 돈이 없으면 행복과 불행을 생각할 겨를조차 없을 뿐만 아니라 병원비가 부족해 제대로 치료도 받지 못하거나 돈이 없음으로 인해 겪는 어려움이 얼마나 고통스러운지 경험으로 안다. 그래서 부자들은 돈이 얼마나 중요한 보호막인지 잘 알고, 돈의 소중함을 잊지 않는다.

긍정적 관점은 돈뿐만 아니라 삶 전체로 뻗어나간다. 부자는 긍정의 힘을 통해 기회를 모색하는 사람이다. 코로나19로 모든 것이 멈춘 것 같아도 부자는 긍정적인 태도로 가능성을 만들어냈다. 긍정이란 부자의 삶에 한 걸음 더 가까이 다가서는 디딤돌이다.

집중 트레이닝 코스

📌 나는 긍정적인 사람인가?

_____

_____

_____

📌 내 주변의 긍정적인 사람 세 명과 이유를 적어 보자.

_____

_____

_____

3장

기분을 선택하는
태도

부자는 감정을 컨트롤할 줄 안다. 내 감정을 다스릴 줄 모르는데 다른 사람을 통해 비즈니스를 하려는 생각은 일찌감치 포기하는 게 좋다. 뉴스나 영화에서 보는 것처럼 감정을 주체하지 못하는 부자는 생각보다 많지 않다. 영화 속 주인공들은 대부분 자수성가형 부자가 아닌 재벌 2세나 3세였을 것이다. 자수성가형 부자는 감정을 컨트롤하는 것을 넘어 기분을 선택하기까지 한다.

혹시 감정과 기분의 차이는 무엇인지 생각해 본 적이 있는가? 어렵게 느껴질 수도 있지만, 이는 간단히 구분할 수 있다. 감정이 내 안에서 자연스럽게 일어나는 상태라면 기분은 그 감정에 대한 나의 선택이다. 감정은 자발적이지만 기분은 인위적이다. 감정은 누구나 동일하게 느끼지만 기분은 사람마다 다를 수 있다.

감정과 기분을 분리하고 내 기분을 제대로 선택하는 태도는 부자가 되는 과정에서 매우 중요하다. 여기에는 세 가지 이유가 있다.

첫째, 소비와 지출은 감정과 연결되어 있다.

가심비나 소확행처럼 자신의 감정을 위해 무언가를 결제한다지만 막상 다음 달 카드 값을 고민한 경험은 누구나 있을 것이다. 감정과 관련한 소비와 지출은 한 달을 채 가지 못하는 경우가 많다. 돈은 현실적인 개념이다. 현실과 동떨어져 생각할 수 없다. 잊고 지내고 있어도 월급의 형태로든 카드 값의 형태로든 매달 자동으로 상기시켜준다. 다른 사람에게 보이려고 혹은 오늘 하루 고생한 나를 위한다는 감정에 휘둘려 지출을 하고 있다면 당장 멈춰야 한다.

둘째, 좋은 선택의 기초 훈련이 된다.

작은 선택이 모여 큰 선택이 된다. 지금의 나는 내가 선택한 것의 결과이다. 부자들은 더 나은 선택을 했고 그 결과로 부를 쌓아간다. 감정에 휘둘리지 않고 내 기분을 선택하는 건 가장 기본적인 훈련이다. 갓난아이의 경우 배가 고프면 울고 짜증이 나도 울고 생리 현상이 생겨도 운다. 기분을 선택할 수 없기 때문이다. 하지만 어린이가, 청소년이, 어른이 될수록 감정을 표현하고 표출한다. 더 큰 걸 얻기 위해 감정을 다스리며 다른 말을 할 수 있게 되기도 한다. 성장하면서 발현되는 자연스러운 모습이다.

감정과 관계없이 내 기분을 선택하는 건 행동을 결정할 수 있는 첫걸음이다. 신입사원의 선택과 대표이사의 선택의 무게가 다르듯 현재의 우리와 부자가 된 뒤 우리의 선택도 무게가 다를 것이다. 선택은 하면 할수록 훈련이 된다. 이는 나중에 더 큰 선택을 잘하게 되는 원동력이 된다. 물론 그 시작은 내 기분을 스스로 선택하는 것부터이다.

셋째, 큰 결정을 할 때 냉정할 수 있다.

인생에는 큰 결정을 내려야 하는 순간이 있다. 운명을 바꿀 정도로 규모가 큰 투자의 결정은 물론 일할 회사를 고르거나 배우자를 고르는 것처럼 돈과는 직접적인 관련이 없어도 중요한 순간이 있다. 그때 우리의 인생은 크게 변화한다. 중요한 순간의 결정을 감정에 휘둘려 내리는 건 옳지 않을 때가 많다. 기분과 감정을 분리해 감정에 매몰되지 않고 결정을 내리는 것만으로도 인생에서 큰 위기는 비껴갈 수 있다. 오히려 더 이득이 되는 선택으로 만들 수도 있다.

재무 상담을 해 보면 생각보다 감정과 기분을 구분하지 못해 곤란을 겪고 있는 사람이 많다. 집안의 가장으로 느끼는 압박감과 우울함을 해소하기 위해 비싼 운동화를 모으며 사는 40대 직장인도 있고 육아 스트레스를 해소하고자 쓰지도 않을 물건을 언젠가는 쓸 물건으로 여기고 계속 사는 주부도 있다. 다른 사람에게 잘 보이기 위해 자기 급여에 맞지도 않은 차를 구매하는 경우도 부지기수다.

감정은 아무리 많은 돈을 써도 일시적일 뿐 해소되지 않는다. 자연스럽게 느껴지는 것이 감정이다. 소비로 통제하려고 들면 악순환만 반복될 따름이다. 언제 끝날지는 아무도 알 수 없다. 감정은 스스로 다스리거나 관계와 소통으로 풀어가는 게 더 우선되어야 한다. 부자의 삶에 더 가까워지려면 감정보다는 필요와 목적, 예산에 맞게 합리적으로 소비해야 한다.

📌 기분과 감정을 구분할 줄 아는가? (Y or N)

_____

_____

_____

📌 감정에 휘둘렸던 경험 세 가지를 적어 보자.

_____

_____

_____

📌 감정에 휘둘린 소비를 하고 싶을 때 어떻게 행동할 것인가?
　　ex) 다음 날 한 번 더 생각해 보고 결정한다, 소비하지 않았을 때 내 감정을 생각
　　해 본다, 만족감의 기간을 생각해 본다 등

_____

_____

_____

2부 · 태도와 돈

4장

돈은 물처럼
낮은 곳으로 흐른다

세상의 모든 것이 중력의 법칙을 거스를 수 없듯이 돈도 마찬가지다. 돈에도 중력이 작용한다. 부자들은 이를 잘 이해하고 있다. 전체 결과의 80%가 전체 원인의 20%에게서 일어나는 현상을 파레토 법칙Pareto's Law이라고 한다. 파레토 법칙은 부의 원리에도 적용된다. 20%의 부자가 80%의 부를 소유하고 있다는 파레토 법칙을 이해한다면 그리고 부의 원천이 어디서 왔는지 이해한다면 절대 오만하게 행동할 수 없다.

부자가 무례하고 이기적인 사람이라는 오해는 미디어

의 영향이 크다. 특히 우리나라는 더욱 그렇다. 장사를 하며 돈을 버는 상업을 오랜 기간 천시했을 뿐 아니라 양반에게도 청렴을 강조하는 청백리 정신을 이상적인 관료상으로 강요했다. 영화나 드라마에서의 양반은 소작농의 재산을 한 푼이라도 더 갈취하려는 사람으로, CEO는 최저 시급마저 주지 않고 직원을 부려 먹는 사람으로 묘사한다. 피땀 흘려 스스로 부를 일군 부자는 절대 그런 모습이 아님에도 말이다.

제대로 된 멘토에게 교육받지 않고 어린 시절부터 부모에게 눈치로 배워 온 금융 교육도 오해의 큰 한 축을 제공한다. 80%의 사람이 20%의 재산을 소유하고 있어 먹고살기 바쁘다. 대부분 자녀에게 제대로 된 교육을 해 줄 생각조차 하지 못한다. 만약 해 준다고 해도 '열심히 살아라'나 '좋은 대학만 가면 된다', '대출은 패가망신의 지름길이다' 등의 이야기만 한다.

부모는 자신이 겪어 온 세계의 경험을 바탕으로 이야기한다. 직장의 사장 욕이나 집주인에 대한 비난을 한다면 자녀는 십중팔구 부자를 부정적으로 인식할 수밖에 없다. 그러나 내가 말하려는 '진정한' 부자들은 절대 그렇지 않다. 오히려 낮은 곳으로 흐르는 돈의 속성을 잘 이해하고 그 속성대로 돈을 잘 사용한다. 나는 그것을 배려라고 표현하고 싶다.

부자들의 배려는 다음의 세 가지로 나누어 볼 수 있다.

첫째, 사람의 가능성을 믿는다.

부자는 자기 손으로 노력해서 크든 작든 성취를 이룬 사람이다. 최근 유재석이 재산상속에 대해 언급하면서 아이들에게 재산보다 훌륭한 인품을 물려주고 싶다고 말해 화제가 되었다. 그러면서 자기 돈은 자기가 벌어야 한다고 했다. 진짜 부자는 밑바닥에서부터 고생한 경험의 가치를 안다. 지금 만나는 사람이 부자가 아니라도 부자의 가능성을 갖고 있는지 볼 줄 아는 안목이 있다.

둘째, 강한 사람과 약한 사람을 일관성 있게 대한다.

부자는 노력 여하에 따라 내가 처한 위치가 언제든 바뀔 수 있다고 생각한다. 인생을 더 소중하게 생각하고 시간을 더 농밀하게 살기 위해 노력한다. 세상에서 규정한 강자와 약자도 마찬가지다. 강자는 영원한 강자가 아니고 약자 또한 영원한 약자가 아니다. 부자들은 일관된 태도로 그들을 대한다. 강약약강처럼 강한 사람에게는 약하게, 약한 사람에게는 강하게 행동하는 것은 가난한 사람의 기준이다.

셋째, 사람을 차별하지 않는다.

첫째 항목과 비슷하지만 여기서는 강조하는 점은 차별하지 않는 것이다. 어떤 일을 하든, 어떤 삶을 살아가든 모든 사람은 귀하고 소중하다. 사람은 힘든 일이 있거나 지쳐 있을 때 습관과 본성이 드러난다. 하지만 진짜 부자라면 자기보다 어리다고 혹은 직급이나 사회적 지위가 자신보다 낮다고 사람을 차별하는 경우를 찾아보기 힘들다. 부자는 사람을 함부로 대하거나 차별하지 않는다.

세상을 단순화시켜 생산과 소비로 나누어 생각해 보자. 부자는 생산자적인 관점을 가진 사람들이다. 생산자는 소비자를 우선시할 수밖에 없다. 돈은 소비자에게서 나와 생산자에게로 흘러 들어간다. 부자들은 정확하게 이 원리를 이해하고 있다. 절대 사람들을 함부로 대하지 않는다.

물이 높은 곳에서 낮은 곳으로 흐르듯이 돈도 높은 곳에서 낮은 곳으로 흐른다. 낮은 곳에 머무르면서 나를 낮추지 않으면 절대 돈이 내 것이 될 수 없는 건 바로 그 이유 때문이다.

📌 부모님께 배운 돈과 관련한 인식 세 가지를 적어 보자.
　　ex) 절대로 친구 사이에 돈 빌려주는 거 아니다. 등

_____

_____

_____

📌 내가 가진 부자에 대한 오해를 적어 보자.
　　ex) 부자는 OO한 사람이다 등

_____

_____

_____

📌 배려의 관점에서 볼 때 주변의 가장 닮고 싶은 인물은 누구인가?

_____

_____

_____

인생PT

5장
돈은 성실한 사람을 좋아한다

누구나 성실한 사람을 좋아한다. 돈도 마찬가지다. 자본주의는 경쟁자가 없을수록, 더 많은 시간 일할수록 더 많은 돈을 번다. 누구나 좋아하는 시간에 출근해 누구나 하고 싶은 일을 한다면 돈 벌 생각은 일찌감치 포기하고 회사 생활에 전념하는 게 낫다. 남들이 꺼리는 시간대에 하는 일이나 하기 싫어하는 일은 기본적으로 시간당 보수가 높다.

부자가 되고 싶다면 이 사실을 인정하는 것부터 시작해야 한다. 남들보다 더 오래 일하고 힘든 일을 해야 한다고 이야기하는 건 아니다. 같은 일을 한다면 일할 시간을 더 확보

하는 것이 열쇠이다. 다른 일을 한다면 많은 사람이 원하는 일보다 힘들어하거나 비교적 관심을 갖지 않는 일을 하는 것이 열쇠이다.

우리가 생각하는 성실과 부자가 강조하는 성실은 세 가지가 다르다.

첫째, 아침의 시작을 스스로 선택한다.

알람 소리를 서너 번 듣고 깨는 스님이 있을까? 대기업 총수나 고위 공직자가 알람 소리를 듣지 못하고 겨우 일어나 헐레벌떡 출근하는 경우가 있을까? 책의 주제에 맞게 부자로 한정해 이야기하지만 인생에서 자신만의 가치를 갖고 사는 사람은 하루의 시작을 본인이 결정한다. 누가 가르쳐준 게 아니다. 하루가 그만큼 소중하고 하루 중 아침의 시작이 가장 소중하기 때문이다.

어린 시절 소풍 가는 날이면 눈이 번쩍 떠지면서 평소보다 활기차게 일어난 경험이 있는가? 매일 소풍처럼 즐겁고 행복할 수 있다면 혹은 하루가 설레고 하고 싶은 일로 가득하다면 누구나 저절로 일어날 수 있다. 처음부터 알람 없이 일어나라는 이야기가 아니다. 알람은 만일을 위한 대비로 한 번만 맞춰도 충분하다.

둘째, 시간을 기준으로 가치를 계산한다.

부자와 보통 사람은 시간에 대한 기준이 다르다. 일반적으로 사람들은 연봉이나 집값 등으로 가치를 판단한다. 돈은 내가 선택한 것의 총 결괏값이다. 연봉이 높다면 주말에도 출근하는지 야근은 얼마나 하는지 따져 봐야 하고 집값이 비싸다면 시세가 짧은 시기에 과하게 형성된 원인이 무엇이며 높아진 대출 금액을 긴 시간 감당할 수 있을지 따져봐야 한다.

내가 하고 싶은 일이나 해야 하는 일에 더 집중할 수 있다면 돈이 아니라 시간을 판단 기준으로 삼아야 한다. 나의 가치 있는 시간을 위해 다른 사람을 고용해 급여를 지급하는 것이 부자의 사고방식이다.

셋째, 남들과 비교하지 않고 과거의 나와 비교한다.

부자의 순위는 여러 기관에서 매년 발표한다. 『포브스Forbes』, 『블룸버그Bloomberg』 등 다양한 곳에서 순위를 발표하지만 그 순위에 오른 사람들이 순위에 관심이 있을까? 올해 순위가 떨어졌다고 속상해하거나 누구보다 순위가 낮아졌다며 화를 낼까? 단언컨대 부자들은 순위에 관심이 없을 것이다. 속상해하거나 욕한다고 내가 나아지지 않는 것을 잘 안다. 내가 나아지지 않는 것에 시간을 쏟을 필요는 없다. 중요한 건 나 자신이다. 과거의 나와 오늘의 나를 비교해 오늘의 나보다 미래의 나를 만드는 데만 시간을 투자해도 시간은 부족하다.

성실과 관련한 세 가지는 유기적으로 엮여 있다. 아침부터 내가 선택한 시간을 농밀하게 살고 매일, 매달 그리고 매년 자신을 체크하며 비교해 성장하는 것이 부자가 말하는 성실의 본질이다.

집중 트레이닝 코스

📌 나는 어떻게 아침을 시작하는가?

_____

_____

_____

📌 나의 일과를 적어 보고 다시 가치가 큰 순서대로 나열해 보자. 나는 가치가 큰 것에 시간을 투자하고 있을까?

_____

_____

_____

📌 오늘의 나는 어제의 나보다 무엇이 더 나아지면 좋겠는가? 일주일 동안 비교 리스트를 작성해 보자.

_____

_____

_____

6장
부자를 만드는 건
8할이 행운

평소에 스스로를 운이 좋은 사람이라고 생각하는가? 부자들은 운이 좋았다는 말을 습관적으로 한다. 바다의 어부가 만선의 꿈을 실현하는 것도, 들판의 농부가 풍년을 맞이하는 것도 본인이 잘한 영향도 있겠지만 결국은 하늘이 도운 덕분이다. 최선을 다한 사람만이 운에 감사할 줄 안다. 올림픽에서도 1등과 2등은 종이 한 장 차이다. 주어진 조건 속에서 최선을 다해 노력했다면 나머지는 운에 달려 있다. '운칠기삼'이라는 말이나 삼성의 창업주 고故 이병철 회장이 성공의 3요소 '운運', '둔鈍', '근根' 중 운을 가장 강조한 것도 그만큼 인생에서 운이 중요하기 때문이다.

행운에 감사하면 겸손해진다. 부정적으로 언급되는 부자나 연예인을 보면 대부분 겸손하지 못하다. 결과가 만족스럽더라도 나를 내세우기보다는 운이 좋았다며 겸손해하는 것이 부자의 성공 비결이다.

부자들이 운을 대하는 세 가지 자세는 다음과 같다.

첫째, 운은 말에서 시작된다고 믿는다.

말을 함부로 하게 될 때가 있다. 특히 상황이 힘들어지거나 건강이 좋지 않을 때 쉽게 짜증을 내고 쉽게 화를 낸다. 사소한 말 한마디가 큰 싸움으로 번지고 무심코 던진 말이 누군가에게는 큰 화로 돌아오기도 한다.

구설수口舌數라는 말이 있다. 수數라는 글자는 운수를 의미한다. 말은 한 번 내뱉으면 주워 담을 수 없기에 신중하게 해야 한다. 내가 열심히 쌓은 부와 명예도 말 한마디로 무너질 수 있다. 부자들은 이 원리를 잘 알고 있다. 절대 부정적인 말을 하거나 다른 사람의 험담을 하지 않는다. 다른 사람의 부정적인 소식에 기분이 좋아진다거나 험담을 하며 스트레스를 해소한다면 일찌감치 부자의 삶은 포기하는 게 좋다.

둘째, 선한 일을 행할수록 나의 운이 상승한다고 믿는다.

빌 게이츠Bill Gates나 워렌 버핏은 왜 기부를 많이 할까? 기업인이라면 돈을 버는 원리에 통달했을텐데 아무런 대가 없이 기부하는 것은 합리적이지 않다. 그런데 아이러니하게도 두 사람 모두 기부를 한 후 부가 더욱 증가했다. 경주 최부자 집은 흉년에 곳간을 열어 이웃을 구제했다. 혼자만 잘 살겠다는 욕심이 아니라, 나와 내 주변이 모두 함께 잘 살아야 한다는 최부자의 철학 덕분에 대대로 부자의 본이 되었다.

부자들에게는 적선의 개념이 있다. 가난한 사람에게 동냥을 하는 적선이 아니라 선한 행동을 쌓는다는 의미이다. 한자로는 쌓을 적積과 착할 선善을 쓴다. 내가 행한 선한 일이 쌓여 운이 점점 좋아지고 인생에서 내가 원하는 일이 더 잘 풀린다고 믿는 것이다. 부자들은 베푸는 게 가장 중요하다는 걸 안다.

셋째, 웃는 얼굴이 최고의 관상이라고 믿는다.

한 번 부자가 되고 마는 것이 아니라 남은 인생을 부자로 사는 게 중요하다. 내가 이룩한 부든 부모에게 물려받은 부든 잘 지키고 불려야 한다. 본인이 책임지고 지키며 보호해야 하는 시기는 자신의 가정을 어느 정도 이룬 40세 전후일 것이다.

미국의 링컨 대통령은 "마흔이 넘은 사람은 자신의 얼

굴에 책임을 져야 한다"라고 했다. 본인의 생각과 행동은 표정으로 드러난다. 부자들은 이를 정확히 이해하고 행동한다. 매일 웃으며 운의 기본이 되는 관상을 좋게 하려고 끊임없이 노력한다.

부자는 돈이 많아 부자가 된 것이 아니다. 부자가 되기 전에 부자처럼 행동한 것이 먼저였다. 누구나 각자의 목표를 위해 노력하면 돈이 많은 부자가 될 수 있다. 명문대 입학과 같이 소수의 사람만 누릴 수 있는 특권이 아니다. 하지만 부자로 남는 것은, 특히 지혜로운 부자로 사는 것은 태도가 결정한다. 긍정적으로 생각하고 기분을 스스로 선택하면서 낮은 곳에서 남을 배려하고 성실하며 운이 좋다고 겸손할 줄 안다면 누구나 부자가 될 수 있다.

집중 트레이닝 코스

📌 지금까지 운이 좋았던 경험을 세 가지 정도 떠올려 보자.

_____

_____

_____

📌 세 가지 경험에서 공통적인 나의 선택이나 행동은 무엇이었을까?

_____

_____

_____

📌 내가 바로 실천할 수 있는 선한 일을 세 가지 찾아보자.

ex) 텀블러 사용하기, 쓰레기 함부로 버리지 않기, 불우이웃 돕기, 정기적으로 봉사 활동하기 등

_____

_____

_____

2부 • 태도와 톤

7장

올바른
재테크 태도 찾기

인생PT

영어 단어 태도attitude는 적합하다는 뜻의 apt와 명사를 표시하는 어미인 -tude가 합쳐진 것이다. '준비가 된 상태'를 의미하는 말이 Attitude, 즉 태도이다. 그릇에 물건을 담을 때 먼저 적합한 그릇을 준비하고 물건을 담는 것처럼 부자가 되는 과정도 마찬가지다. 태도를 준비하는 것이 우선이다.

톨스토이의 책 『안나 카레리나』는 세 권으로 이뤄진 아주 두꺼운 책이지만 책에서 말하고자 하는 내용은 그 첫 문장에서 완벽히 정리된다.

"모든 행복한 가정은 서로 닮았고, 불행한 가정은 제각각 나름으로 불행하다."

나는 이 문장을 돈과 관련해 이렇게 바꾸고 싶다.

"모든 성공한 부자들은 서로 닮았고, 성공하지 못한 평범한 사람들은 제각각 나름으로 불행하다."

서로 닮았다는 말은 얼굴과 옷차림 등이 닮았다는 의미가 아니다. 닮은 건 태도이다. 인생을 대하는 태도가 곧 돈을 대하는 태도로 이어진다.

부자에게는 그들을 부자로 만들어 준 일정한 기준과 원리가 있다. 물론 자신만의 기준과 원리를 새롭게 만들어 부를 구축한 사람도 있겠지만 그것은 소수에 불과하다. 대부분 이미 누군가 구축해 놓은 부자가 되는 원리, 즉 세상의 질서를 자신의 것으로 만들어 부자가 된다.

2부에서 말한 부자를 만드는 다섯 가지 태도는 일정한 질서를 의미한다. 질서를 이해하고 실천하는 사람만이 이미 부자들이 닦아 놓은 아스팔트 포장도로를 마음껏 달려갈 수 있다. 그렇지 않으면 한 손에는 낫을 들고 풀숲을 헤쳐 가거나 살얼음이 얼어 있는 빙판길을 조심하며 걸어야 한다. 험난한 길을 거쳐 목적지에 도달할 수는 있지만 시간이 얼마나 걸릴지는 아무도 알 수 없다.

어떤 삶을 선택하는 게 나은지는 당신도 이미 알고 있을 것이다. 부자가 되고 싶다면 부자들의 태도를 갖추고 부자처럼 행동하는 것이 먼저다. 투자 자산을 선택하고 투자수익률을 고민하는 것은 그다음이다.

물론 이 질서는 언제까지고 이어지지 않는다. 어느 정도 수준이 되면 부를 향한 자신만의 길이 요구되기 마련이다. 하지만 그 순간이 오더라도 걱정할 필요가 없다. 지금까지 익혀 온 질서와 실천을 발판삼아 더 높은 곳으로 올라갈 수 있을 것이다.

다섯 가지 태도를 동시에 실천하기란 쉬운 일이 아니다. 우선 자신의 상황에 맞는 태도를 한 가지 정해 먼저 실천해보자.

집중 트레이닝 코스

📌 부자의 다섯 가지 태도 중 나는 어떤 태도를 가지고 있는가? 또 나에게 부족한 태도는 무엇인가?

_____

_____

_____

📌 다섯 가지 태도 중 가장 갖추기 어려운 태도와 그 이유는 무엇인가?

_____

_____

_____

📌 내가 생각했을 때 가장 갖추기 어려운 태도를 이미 갖춘 사람이 있는가?

_____

_____

_____

3부

관계와 돈

우리 인생 전반에 영향을 미치면서 가장 힘들게 하는 것 두 가지가 바로 관계와 돈이다. 두 가지 모두 인생과 떼려야 뗄 수 없다는 공통점도 있다. 관계와 돈을 제대로 이해하고 인생의 걸림돌이 아니라 디딤돌로 만들어 보자.

1장

재테크를
좌우하는 관계

우리 주변 혹은 소설이나 드라마, 영화에서 어려움을 겪는 사람들을 보면 원인은 십중팔구 두 가지 중 하나이다. 바로 관계나 돈이다. 세계적으로 인기를 끈 넷플릭스 드라마《오징어 게임》에는 감당하기 힘든 빚을 진 여러 참가자가 등장한다. 그들이 겪은 상황과 처한 돈 문제는 모두 다르지만 가족과 관련해 어려움을 겪고 있다는 것이 공통점이다. 특히 주인공 기훈(이정재 역)은 자동차 생산 공장에서 일하다가 일방적으로 해고를 당한다. 해고를 당한 후 이혼을 하고 늙고 병든 부모님께 얹혀사는 백수이다.

2019년 72회 칸 영화제에서 황금종려상을 수상한 봉준호 감독의 《기생충》을 보더라도 반지하에 사는 기택(송강호 역)의 가족과 거대한 단독주택에 사는 박사장(이선균 역) 가족의 삶은 정반대로 묘사된다. 기택의 가족은 늘 웃고 떠드는 것처럼 보이지만, 늘 돈 문제가 발생하고 쉴새없이 날선 대화가 오간다. (반면 돈 자체는 부족하지 않은 박사정 가족 역시 돈은 풍족할지언정 가족 간의 관계는 문제가 많다.)

사회생활을 하면서 인간관계 때문에 힘들지 않은 사람이 있을까 싶을 만큼 인간관계는 어렵다고들 한다. 사회생활 뿐만 아니라, 가족과 친구처럼 가까운 사이도 예외는 아니다. 그런데 인간관계의 문제와 돈 문제는 별개라기보다 교묘하게 얽혀있는 경우가 훨씬 더 많다.

 ### 관계와 돈의
다섯 가지 공통점

부자가 되고 부자로 살아가는 데에는 관계가 정말 중요하다. 부자가 돼 관계가 더 좋아진 것이 아니다. 관계가 좋은 것이 먼저였다. '좋은 관계'도 재테크의 중요한 요소이다. 이를 갖고 재테크를 시작하는 것과 갖지 못하고 시작하는 것은 이후 굉장한 차이를 가져온다. 부자의 삶이라는 관점에서 필요한 좋은 관계란 무엇일까? 먼저 돈과 관계의 공통점부터 살펴보자.

돈과 관계는 다섯 가지 공통점이 있다.

첫째, 처음부터 저절로 주어졌다고 착각하기 쉽다.

사람은 노력해서 성취한 것보다 처음부터 저절로 주어진 걸 등한시하는 경향이 있다. 예를 들면 태어나서 가장 먼저 주어지는 부모 자식의 관계도 당연하게 생각한다. 그래서 '효도'라는 걸 가르쳐야 하고 '육아'라는 걸 공부해야 한다.

돈도 마찬가지다. 세상에 거저 주는 돈은 없다. 올바른 경제 교육을 받지 않고 대가 없이 돈을 얻는 버릇(ex. 용돈 등)이 생기면 성인이 되어서도 돈이 저절로 주어지는 것으로 착각하기 쉽다.

둘째, 흐름이 중요하다.

관계는 '인맥'이라는 말로, 돈은 '금융'이라는 말로 중요하게 인식된다. 두 단어 모두 흐름flow이 가장 중요하다. 인맥에서 '맥脈'은 '사물 따위가 서로 이어져 있는 관계나 연관'이라는 뜻으로 '맥박', '맥을 잇는다'처럼 흐름을 강조하는 데쓰인다. 금융에서 '융融'은 '녹이다', '유통하다'라는 뜻으로

'융통하다', '융해'처럼 마찬가지로 흐름을 속성으로 하는 말로 쓰인다. 흐름에서 가장 좋지 않은 건 단단하게 굳어지는 현상을 의미하는 '경화硬化'이다. 대부분 이런 경화는 인식하지 못한 채 서서히 진행되다가 한 번에 큰 화를 가져온다.

셋째, 내 책임인 경우가 대부분이다.

젊었을 때 생긴 잘못된 습관은 계속 누적되어 40~50대에 발현돼 만성질환으로 그 존재를 드러낸다. 이처럼 부정적인 관계를 방치하고 푼돈이라고 소홀히 대한 태도가 누적되면 문제가 발생한다. 문제점을 사전에 발견해도 관성이 있어 하루아침에 바꿀 수 없다.

넷째, 다시 복구하는 것이 어렵다.

열심히 쌓은 관계와 열심히 모은 돈도 무너지면 회복하는 데 시간이 걸린다. 게다가 완전히 불가능한 경우도 있다. 시간이라는 변수는 통제가 불가능하다. 학창 시절의 친구와 관계가 끊어졌다고 다시 그 시절로 돌아가 그만큼의 시간을 쌓을 수는 없다. 10년 전 가입한 보험의 금리를 해지하고 다시 그때의 금리로 해 달라고 하는 것도 불가능하다.

다섯째, 장기적인 시각이 중요하다.

단기간에 맺고 끊는 관계도 있긴 하지만, 관계를 판가름하는 건 결국 긴 시간이다. 관계는 오래 유지하는 게 관건이고 돈도 노후까지 잘 모아야 의미가 있다. 잠깐 반짝하는 관계나 일시적으로 벌어들인 돈은 인생에서 스쳐갈 뿐이다.

부자는 좋은 관계를 바탕으로 재테크를 잘 실천한 사람이다. 관계와 돈의 다섯 가지 공통적인 속성을 잘 이해하고 이를 바탕으로 두 마리 토끼를 다 잡았다. 일시적인 거액이 생기거나, 증여와 상속 등에서 분쟁이 생겼을 때 잘 처리할 수 있는 관계를 맺고 있는가? 좋은 관계가 바탕이 되지 않는다면 부자로 가는 길목 곳곳에서 난관을 만나게 될 것이다. 가까운 관계부터 점검해보자.

📌 나에게 '좋은 관계'란 무엇일까? 좋은 관계의 예가 될 만한 세 명을 떠올려 보자.

_____

_____

_____

📌 관계 때문에 돈과 관련한 어려움을 겪은 경험이 있는가?

_____

_____

_____

📌 내가 부자로 가는 삶을 살아간다면 그 삶에 함께 하고 싶은 사람은 누구일까?

_____

_____

_____

인생PT

2장

부모:
행동으로 보여주는
경제 교사

재테크와 관련해 부모는 자녀에게 지대한 영향을 끼친다. 20대 중후반부터 결혼 전까지 돈을 모으고 소비하는 습관은 청소년기 부모에게서 비롯되는 경우가 많다. 무조건 아끼고 저축하는 것이 중요하다는 의미가 아니다. 돈에 대한 기준과 가치관을 확립하는 건 전적으로 부모의 영향이라는 의미이다.

모든 자녀의 첫 경제 선생님은 부모이다. 부모는 자녀에게 경제 교육을 어떻게 시켜야 하는지 배운 적이 없다. 정규 교육에서 재테크를 가르치지 않는 것처럼 부모가 언제, 어

3부 · 관계의 돈

111

떻게 경제 교육을 해야 하는지 가르쳐 주는 기관도 없다. 설령 있다고 해도, 표면적인 기술이나 당장의 핫이슈, 교과서적인 원리에 그친다. 하지만 돈은 그저 머리로만 이해해서 잘 배울 수 있는 영역의 문제가 아니다. 그렇다고 알아서 재주껏 배우고 살아남는 정글의 영역도 아니다. 가정에서부터 제대로 돈을 가르치고 배울 수 있다면 그것이야말로 가장 적절한 맞춤교육이자 조기교육이 될 것이다.

자녀는 부모의 등을 보고 자란다

"자녀는 부모의 등을 보고 자랍니다."

부모를 상담할 때 솔선수범이 중요하다고 강조하며 꼭 하는 말이 있다. 여기서 중요한 건 행동이다. 말과 지식도 물론 중요하지만 정말 자녀에게 영향을 미치는 건 부모의 행동이다. 아이들은 듣고 배우는 대로 행동하는 게 아니라 본 대로 행동한다. 부모가 먹는 음식을 보고 안전하다는 사실을 깨닫고 우는 모습을 보고 슬픈 감정을 이해한다.

돈에 대한 기준과 가치관도 마찬가지다. 부모는 자녀를 대할 때 다음 다섯 가지 원칙을 갖고 있어야 한다.

- 돈에 대해 긍정적인 시각을 가져야 한다.
- 진정한 노력의 가치를 알려 줘야 한다.
- 원칙과 기준이 있어야 한다.
- 일관적이어야 한다.
- 믿고 기다릴 줄 알아야 한다.

첫째, 돈에 대해 긍정적인 시각을 가져야 한다.

시각이라는 말을 프레임frame이라는 말로 바꿔서 설명하면 조금 더 이해가 빠를 것이다. 액자와 틀을 의미하는 프레임은 내가 생각하는 방식과 이해하는 방식을 규정한다. 돈은 내 생각과 인식, 감정에 따라 언제는 긍정적이고 언제는 부정적인 게 아니다. 돈은 언제나 돈 그 자체이다. 긍정적인 프레임 속에서 돈을 바라봐야 희망이 생기고 기회가 생긴다. 이는 자녀에게 고스란히 전해진다.

미디어들은 부자를 부정적으로 묘사한다. 또한 소비가 미덕인 것처럼 홍보해 늘 우리를 돈이 없는 사람으로 만든다. 꾸준히 돈에 대해 긍적적인 자기 암시를 하지 않고 행동하지 않으면 금세 부정적으로 돌아서게 된다. SNS를 보며 다른 사람과 비교하고 연예인을 보며 자괴감을 느끼는 건 자연스러운 일이다.

『흥부전』에서 놀부는 못된 사람으로 묘사되고 『크리스마스 캐럴』의 스크루지 영감이 돈 욕심이 많은 사람으로 묘사된다고 돈이 나쁜 게 아니다. 프레임의 영향으로 우리는 우리가 보고 싶은 것만 보고 현재의 상태를 정당화시키는 논리에 끌린다. 그러나 두 책의 결론은 모두 긍정적이다. 마음씨 착한 흥부도 놀부처럼 부자가 되고 스크루지 영감은 가족과 함께하며 베푸는 행복을 알게 된다.

둘째, 진정한 노력의 가치를 알려 줘야 한다.

세상의 이치는 내가 노력한만큼 보상받을 수 있도록 작동되며 그 노력은 객관적으로 평가될수록 의미를 더한다. 국가대표로 올림픽에 출전한 정도의 선수가 되려면 그만큼의 노력을 쏟아부어야 한다. 메달을 따기 위해서는 그 이상의 노력이 필요하다. 농부가 씨앗을 뿌리지 않고 열매를 기다리지 않듯이 인생의 모든 결과는 그에 맞는 노력이 요구된다.

소중한 삶의 가치를 지키며 살고 싶다면 그만큼의 노력이 필요하다. 정의, 우애와 효도, 스스로 땀 흘려서 쌓은 성취, 절제와 성실 등의 가치는 말로만 보여줄 수 없다. 자녀들에게 위와 같은 인생의 가치를 물려주려면 부모가 말과 행동을 통해 직접 보여주는 수밖에 없다. 그게 바로 태도다.

어린 시절 꿈은 모두 거창하다. 하지만 중·고등학교를 거치면서 거창했던 꿈은 급격하게 현실적으로 바뀐다. 대통령이나 발명가, 과학자 같은 꿈이 어느새 안정적인 공무원과 대기업 직장인으로 바뀌는 데 채 10년도 안 걸린다. 하지만 정작 부모 자신은 그렇게 살지 못하면서 자녀들에게 현실적인 꿈을 제시하고 이루라고 격려한다. 좋은 직업을 갖는 것이 잘못은 아니지만 직업을 비교하며 편협적인 시각을 드러내는 경우가 있다. '열심히 공부하지 않으면 저렇게 돼'라며 일부 직업 종사자 등을 멸시하는 잘못된 편견을 심어 준다. 하지만 직업이나 사회적 지위에 상관없이 우리는 모두 자신의 목표와 가치를 가지고 열심히 삶을 성취하며 살아간다.

말보다 태도로 직접 보여주는 것이 가장 효과적인 교육이다. 부모가 먼저 자신의 인생의 가치를 세우고 자신의 목표를 향해 성실하게 살아가는 모습을 보여준다면 그것이 가장 생생한 삶의 교육이 아닐까?

직접 실천하며 노력하는 인생이야말로 진정한 삶의 방식이라는 걸 가르쳐 주자. 그 부모 밑에서 자라난 아이들이야말로 직접 노력해서 얻은 성취와 부를 소중하게 대할 줄 알게 된다.

셋째, 원칙과 기준이 있어야 한다.

진정한 부를 물려주기 위한 필수 조건이다. "사방 백 리 안에 굶어 죽는 사람이 없게 하라"와 같은 경주 최부잣집의 가훈까지는 아니더라도 부모와 자녀가 함께 합의한 원칙과 기준이 필요하다. 거창하지 않아도 좋다. 오히려 단순할수록 실천하기 쉽고 행동으로 보여 주기 쉽다. '소득의 20%는 저축한다', '번 돈 이상으로 소비하지 않는다', '매월 10%를 모아 가족 여행을 간다'처럼 함께 원칙과 기준을 세우고 일정한 시기마다 점검하면서 몸에 배는 습관이 되게 하자.

넷째, 일관적이어야 한다.

일관적이어야 자녀를 교육할 수 있다. 여기서 일관적이라는 의미는 좀 더 포괄적으로 적용된다. 돈에 대한 태도, 긍정적인 프레임, 원칙과 기준을 모두 포함해 일관적이어야 한다는 의미이다.

일관성은 생각보다 자녀에게 미치는 영향이 크다. TV를 보면 아이가 어른의 눈치를 살피는 장면이 나온다. 잘 보이고 싶고 칭찬받고 싶은 아이는 부모의 행동을 살펴 반응한다. 부모가 먹고 마시는 데 돈을 흥청망청 쓰면서 학원을 보내는 데 천 원 단위까지 아끼는 모습을 보인다면 아이는 당황할 것이다. 이는 어떻게 행동해야 할지 모르게 되는 단계까지 발전한다. 열심히 노력해 번 돈이라면 내 돈이든 자녀의 돈이든 가족 공금이든 다 똑같이 가치 있다. 공돈이 생기면 마음이 넉넉해지고 성과급이 적으면 인색해지는 건 돈이 잘못한 게 아니다. 부모가 가진 마음의 잘못이다. 일관적이지 않게 행동하는 부모의 자녀는 제대로 된 돈의 관점을 정립하지 못하게 될 가능성이 크다.

다섯째, 믿고 기다릴 줄 알아야 한다.

믿고 기다려야 한다는 속성은 돈에서도 매우 중요하지만 자녀 교육과 관련해서도 가장 중요하다. 누구나 실수와 실패를 한다. 어찌 보면 모두가 바라는 성공보다는 실수와 실패가 인생에서 더 당연하다. 실수와 실패 앞에서 어떻게 행동하느냐가 인생의 차이를 가져온다. 돈도 마찬가지다. 인내심을 갖고 부화뇌동하지 않은 소수가 과실을 가져가는 것처럼 우직하게 믿고 기다린 부모만이 자녀를 성숙한 어른으로 키울 수 있다.

다섯 가지 돈에 대한 관점을 가지고 있는 부모라면 굳이 부자가 아니어도 자녀는 행복할 것이다. 다섯 가지 관점은 부자가 부를 일군 기준과도 일맥상통한다. 그렇지 않은 부모 밑에서 자랐어도 선택지는 하나이다. 우리가 저런 부모가 되면 된다. 지혜로운 부모가 되면 우리의 자녀는 더 나은 환경에서 본인의 꿈을 키워갈 수 있다. 선택하지 않은 것에 스트레스받지 말고 이제부터 내 손으로 내가 원하는 바를 이루면 된다.

집중 트레이닝 코스

📌 나는 부모로부터 돈에 대한 어떤 관점과 가치를 물려받았을까?

_____

_____

_____

📌 부모님이 물려준 것 중 긍정적인 것과 부정적인 것은 무엇인가?

_____

_____

_____

📌 다섯 가지 가치관 중 나에게 가장 필요한 것은 무엇일까? 그 이유는 무엇인가?

_____

_____

_____

3장

친구:
친구의 모습이 곧
나의 미래다

'평생 함께할 친구가 있는가?'라는 질문에 자신 있게 '그렇다'고 답할 수 있는 사람이 몇 명이나 될까? 10대부터 60대까지 물어보면 나이가 많아질수록 급격히 줄어든다.

10대까지는 친구가 인생의 전부다. 우리나라의 교육 특성상 가족보다 더 오랜 시간을 보내는 것이 친구이다. 게다가 10대의 친구는 가족처럼 주어지는 경우가 많다. 내 선택도 일부 있을 수 있지만 같은 유치원, 같은 학교, 같은 반처럼 시작은 나와 무관하게 정해진다. 같은 반이 되면 1년은 같은 공간에서 생활할 수밖에 없다. 내 마음에 들지 않는 친

133

119

구와도 잘 지내기 위해 노력해야 한다.

20대부터는 다르다. 친구 관계는 오로지 내 선택으로 결정된다. 나보다 더 뛰어난 친구나 선배, 후배와 어울릴지 아니면 술을 마시며 놀기만 하는 사람과 어울릴지 언제든 선택할 수 있다. 10대부터 쌓아 온 우정도 계속 이어나갈지 선택할 수 있다.

친구를 잘못 사귀어 인생 중후반에 미끄러지는 경우는 수도 없이 많다. 뉴스에 이름이 거론되는 정치인을 보더라도 한 명이 문제 되면 줄줄이 엮여 더 큰 문제가 발생한다. 가까운 친척 중 고등학교 동창에게 속아 평생 모은 재산을 송두리째 날린 분도 있다.

애플의 창업자 스티브 잡스Steve Jobs는 당시 HP의 직원이던 스티브 워즈니악Steve Wozniak을 컴퓨터 제작 동호회에서 만났다. 함께 컴퓨터를 만들어 돈을 벌 계획을 세웠다. 주식 투자의 대가 워렌 버핏에게도 투자를 함께해 온 40년 평생지기 찰리 멍거Charles Munger가 있다. 버크셔 해서웨이라는 기업을 함께 운영하고 있다. 구글의 창업자인 래리 페이지Larry Page와 세르게이 브린Sergey Brin도 스탠퍼드 대학원 선후배였다.

나는 누구와 함께하고 있는가

지금 누구와 가장 많은 시간을 보내고 누구와 가장 많이 함께하고 있는가? 내가 함께하고 있는 사람이 나를 가장 잘 설명한다. 나이가 들수록 이는 더 뚜렷해진다. 부자의 삶은 외롭고 고독한 혼자만의 삶이 아니다. 기쁠 때나 어려울 때나 함께 삶을 나누고 가능성을 모색하고 더 나은 삶을 향해 힘을 보태는 사람들이 더 많아지는 삶이다. 그렇다면 어떤 사람들과 함께 해야 부자의 삶으로 함께 나아가는 긍정적인 친구가 될 수 있을까?

- 올바른 가치관을 갖고 있는 친구
- 긍정적인 언어 습관을 가진 친구
- 사소한 약속을 잘 지키는 친구
- 사람의 잠재력을 믿는 친구
- 인생의 목표가 있고 성장하려고 노력하는 친구

첫째, 올바른 가치관이야 말로 평생을 함께 할 수 있느냐 없느냐를 좌우한다.

인생은 단거리 달리기가 아니다. 장거리 마라톤이다. 일시적으로 유혹에 흔들릴 수 있고 본의 아니게 안 좋은 상황에 휘말릴 수 있다. 게다가 실수나 실패는 수도 없이 많이 경험할 것이다. 이때 중심을 잡을 수 있는 게 가치관이다. 내가 옳다고 생각하는 기준이 있어야 부정적인 상황에 놓이더라도 다시 시작할 수 있다. 올바른 가치관은 사회적으로 모두 옳다고 인정하는 가치라고 생각하면 이해하기 쉬울 것이다.

정직, 신뢰, 최선, 정의, 도덕, 노력, 열정……. 바르고 긍정적인 가치관을 갖고 있는 친구와 오래도록 관계를 쌓아가는 게 중요하다. 우리가 올바른 가치관의 사람을 좋아하는 것처럼 세상도 올바른 가치관을 가진 사람을 좋아한다.

둘째, 말을 함부로 하지 않는 긍정적인 언어 습관을 가지고 있는지 잘 살펴보자.

중·고등학교 때는 또래 친구에게 잘 보이려고 일부러 말을 거칠게 할 수 있다. 하지만 나이 든 후에도 거친 말을 계속한다면 그 친구에게 문제가 있을 가능성이 높다. 시회적 역할을 찾지 못하고 있거나 극단적으로는 내면에 폭력적인 성향이 자리잡은 것일 수도 있다.

친구들 사이에 20대에도, 30대에도, 심지어 40대에도 10대 시절의 무용담을 늘어놓는 친구가 있을 것이다. 과거와 비교해 볼 때, 그의 현재 상황은 좋지 않을 확률이 높다.

사람은 무의식 중에 자기가 제일 잘나갔던 때를 긍정적으로 기억한다. 한두 번 추억을 회상하는 정도에서 그치지 않고 만날 때마다 어렸을 때 이야기만 꺼내는 친구가 있다면 곰곰이 생각해 보자.

말은 습관이다. 평소의 생각과 행동이 말로 나타난다. 모든 문제는 말에서 시작된다. 부주의하게 취급하기 가장 쉬운 말을 절제하지 못하는 사람은 어떤 일도 절제하지 못할 가능성이 높다. 이런 친구는 언제가 되었든 반드시 구설수에 휘말린다. 친구 사이에 문제가 발생하면 늘 중심에 그 친구가 있을 수밖에 없다.

셋째, 사소한 약속을 잘 지키는 사람을 친구로 삼자.

이것은 시간 사용을 보면 잘 알 수 있다. 중요한 일도, 사소한 일도 모두 시간을 어떻게 사용할지 결정해야 한다. 그런데 시간 활용을 대수롭지 않게 생각하는 사람일수록 삶의 다른 부분도 소중하게 대하지 않을 가능성이 높다. 돈이 많아질수록 시간 사용의 양상도 달라진다.

스티브 잡스가 똑같은 옷을 여러 벌 사서 입는 것으로 유명했던 것처럼 많은 부자는 자기를 꾸미거나 부를 과시하는 데 시간을 잘 쓰지 않는다. 반면 사소한 것이라도 중요하다고 생각되는 일에는 시간과 관심을 아끼지 않는다. 특히 사람에 대해서 더욱 그렇다.

사실 모든 사람들은 각자 소중하게 생각하는 일에 시간을 투자한다. 좋은 대학에 입학하고 싶다면 공부에 시간을 투자해야 하고 운동선수로 성공하고 싶다면 운동에 시간을 투자한다. 마찬가지로 함께하는 시간이 소중하다면 시간에 투자해야 하는데 그 첫걸음이 시간 약속이다. 쉽게 약속을 어기고 약속 시간에 늦더라도 대수롭지 않게 여기는 친구라면 친구에 대한 생각을 달리 할 필요가 있다. '친구니까 이 정도는 이해해 주겠지'라고 생각할 수도 있지만 이는 나를 소중히 대하지 않는 것이다.

넷째, 사람의 잠재력을 믿는 것이다.

사람 안에는 스스로 성장할 수 있는 잠재력이 있다. 다른 사람에 대해 부정적인 이야기를 하지 않고 험담하지 않는 친구가 되어야 한다. 아예 험담을 하지 않고 살 수는 없으며 약간의 뒷담화는 오히려 관계를 돈독하게 한다고 생각하는 사람이 있을 수 있다. 하지만 그렇지 않다.

누구나 장점과 단점을 가지고 있다. 친구라면 장점을 더욱 칭찬해 주고 단점을 보완해 주는 관계가 되어야 한다. 앞에서는 단점을 이야기하지 않고 다른 사람에게 이야기하는 것은 옳지 않다. 무엇보다도 뒤에서 험담하는 사람은 나에 대해서도 똑같이 행동할 가능성이 매우 높다.

습관적으로 다른 사람에 대해 부정적으로 이야기하는 친구라면 단호하게 아니라고 이야기하자. 그래야 건강한 관계를 유지할 수 있다.

다섯째, 인생의 분명한 목표가 있고 안주하지 않고 늘 성장하려고 노력하는 친구이다.

목표와 성장은 뗄 수 없는 관계다. 인생과 직업, 꿈, 미래 등도 마찬가지다. 어느 한 가지만 놓고 독립적으로 생각할 수 없다. 목표가 있으면 성장을 위해 노력하고 성장을 위해 노력하다 보면 목표를 달성할 수 있다. 개인적인 꿈을 위해 하는 노력은 인생에서 원하는 미래에 당도하는 것과 긴밀하게 연결되어 있다. 그렇기 때문에 인생의 목표가 있고 성장하기 위해 노력하는 친구는 다른 면에서도 배울 점이 있다.

유익한 책에 대해 이야기하고 도움이 되는 강의를 서로 추천해 주는 친구가 있다면 더할 나위 없이 성공한 인생이다. 시간이 지나면 지날수록 더 견고해지는 관계이다.

다섯 가지 특성을 가지고 있는 평생 함께할 친구가 있는가? 있으면 고마워하며 평생 관계를 잘 유지해 나가자. 자연스럽게 친구 관계와 개인적인 부 모두 견고하게 성장할 것이다.

만약 없다고 해도 걱정하지 말자. 내가 먼저 친구에게 그런 존재가 되면 된다. 다만 오랜 시간 그런 상태가 유지되고 있다면 의식적으로라도 배울 만한 친구나 존경할 만한 친구를 만나는 것이 좋다. 그래야 겸손을 배우고 크게 성장할 수 있다. 나이 들어서는 친구 만나기가 어렵다고 하지만, 꼭 그런 것만은 아니다. 부자의 삶을 살아가는 데 있어서 좋은 사람을 만나 친구가 되는 일은 일상적으로 자주 일어나는 일이기 때문이다. 관계도 돈도 성장하지 않고 그대로인건 후퇴하는 것과 같다.

건강한 친구 관계는 나이가 들수록 더 중요해진다. 내꿈을 응원해 주는 멘토 같은 친구, 같이 성장하는 존경할 만한 친구가 옆에 있다면 나도 그렇게 될 가능성이 높다. 행복한 사람은 행복한 사람끼리, 부자는 부자끼리 모인다.

📌 가장 친한 순서대로 친구 세 명을 떠올려 보자. 그중 멘토로 생각할 만한 친구는 누구인가?

_____

_____

_____

📌 멘토로 생각하는 친구의 특징을 적어 보자.

_____

_____

_____

📌 내가 그 친구에게 멘토가 될 수 있을까? 그렇게 하기 위해 내가 계발해야 것은 무엇인지 적어 보자.

_____

_____

_____

3부 • 관계와 돈

4장
배우자:
평생 함께하는 파트너

지금은 결혼이 필수가 아니라고 여겨진다. 비혼非婚을 선언하는 사람은 물론 결혼을 최대한 미루는 사람도 많다. 물론 부동산 가격 상승이나 부담스러운 결혼식 문화 등 이삼십 대 남녀가 결혼을 결심하기에는 현실적인 장벽이 많다. 환경과 상황은 개인의 노력으로 바꿀 수 없다. 불평불만을 해서는 절대 문제를 해결할 수 없다.

이성을 만나고자 노력하기보다 나에게 투자하는 것이 더 좋을 수도 있다. 일정 부분 그 생각에 동의하지만 좀 더 생각해 보자. '좋은 이성을 만나는 것'과 '나에 대한 투자'는 전혀 관계가 없다. 좋은 이성을 만나더라도 나에 대한 투자는 지속적으로 해야 한다. 서로 반대되는 개념이 아니다. 우리가 생각해야 할 것은 인생 총량에서 훌륭한 배우자를 선택했을 때 (혹은 그렇지 않을 때) 얻게(잃게) 되는 '돈' 문제이다. '배우자'라고 표현했지만 '미래를 함께할 이성'으로 받아들여도 무방하다. 재테크는 '결혼의 유무'보다 '미래를 지향하는 경제 공동체'가 더 중요하기 때문이다.

돈과 결혼의 다섯 가지 공통적인 속성

부자는 개인에 국한된 개념이 아니다. 가족과 함께 생각해야 하는 개념이다. 혼자만 부자가 될 수 없다. 아내나 남편 둘 중 한 명이 부자이면 당연히 상대방도 부자이다. 한 명은 돈을 열심히 벌고 모으지만 다른 한 명은 흥청망청 써 버린다면 결코 부자가 될 수 없다. 좋은 배우자를 선택하는 것 그리고 나아가 함께 노력하며 부를 일궈 나가는 것은 필수 전략이자 부자로 가는 기본 조건이다.

결혼한 사람의 재산과 솔로인 사람의 재산을 비교해 보

자. 더 많은 사람은 누구일까? 같은 개념으로 용돈과 현금은 누가 더 많을까? 재산은 결혼한 사람이 많을 것이고 용돈과 현금은 당연히 솔로인 사람이 많을 것이다.

부자를 나타내는 단어에는 Wealth와 Rich가 있다. 모건 하우절Morgan Housel은『돈의 심리학』에서 'Wealth=자산부자', 'Rich=소비부자'라고 했다.

> "부는 나중에 무언가를 사기 위해 아직 사용하지 않은 선택권이다. 부의 진정한 가치는 지금보다 더 많은 것들을 살 수 있는 선택권과 유연성을 제공하는 데 있다."

우리는 소비부자보다 자산부자를 목표로 삼고 노력해야 한다. 결혼한 사람이 자산부자가 되는 원리는 돈이 가진 고유한 속성이 결혼과 유사하기 때문이다. 지금부터 다섯 가지 속성을 하나씩 살펴보자.

- 이론보다 실행이 중요하고 차이는 실행에서 갈린다.
- 초기에 강제성을 필요로 한다.
- 직접 경험하면 진정한 장점을 알 수 있다.
- 함께했을 때 시너지가 있다.
- 감정 통제가 핵심이다.

첫째, 이론보다 실행이 중요하고 차이는 실행에서 갈린다.

재무 상담을 하다 보면 "생각은 하고 있었어요. 하지만 지금은 아닌 것 같아요"라고 말하며 재테크가 인생에서 중요하다는 사실은 알면서도 시작하는 걸 두려워하는 사람이 많다. 중요한 결정을 미루려는 인간의 당연한 본성이다. 하지만 현재 재무 상태에 영향을 미친다는 사실까지는 생각하지 못한다. 금액을 이야기하지도 않았는데 반사적으로 부정적인 반응을 보이기도 한다. 그만큼 실행이 어렵기 때문이다.

돈을 모으는 데 중요한 건 이론도, 금액도 아니다. 바로 실행이다. 소득이 아무리 높아도 저축률을 높이지 않으면 절대 부자가 될 수 없다. 적은 소득이라도 저축률을 높여 투자를 실행해야 돈이 모이기 시작한다. 저축은 스스로 실행해야 한다. 부자의 성패를 좌우하는 지점이 바로 실행이다.

결혼생활을 이끌어 가는 것 또한 선택과 실행이다. 당장 결혼을 선택한 뒤부터 수많은 선택을 하고 실행해야 한다. 자녀가 생기면 더욱 그렇다. 결혼생활은 수많은 선택과 실행으로 움직인다. 부자의 삶도 마찬가지다. 단순하게 그저 한 군데 잘 투자하면 큰 돈이 생기겠지 하는 마음가짐으로는 어림도 없다. 일확천금을 바라는 사람은 마치 아무나 한 명 붙잡고 결혼하면 행복한 결혼생활을 할 수 있겠지 하는 헛된 꿈을 꾸는 것과 같다.

부자로 살아가는 삶은 수많은 선택과 실행으로 이뤄진다. 그리고 그 선택은 점점 복잡해지고, 당연히 많은 수고와 노력을 통해 실행해야만 실현되는 것이다.

둘째, 제도와 틀이 작동한다.

사람의 뇌는 생각보다 단순하다. 20~30년 후 미래를 준비하는 건 누구에게나 힘들다. 결과를 고민하지 않고 초반에 강하게 밀어붙이는 것이 필요하다. 투자수익률과 소득에 상관없이 일정한 액수의 종잣돈을 마련하는 과정은 부자로 가는 1차 관문이다. 초기 1년이면 1년, 2년이면 2년으로 각자 원하는 기간과 금액을 정해 투자금을 강제적으로 만들어야 한다.

결혼 생활도 마찬가지다. 연애를 하고 결혼을 준비하는 과정에서도 상대방과 함께하는 노후는 잘 그려지지 않는다. 초등학교에 입학하면서 수능을 고민하지 않았던 것처럼 결혼식장에 들어서는 순간까지도 한적한 해변에서 여유 있게 산책하는 노후의 모습은 그려지지 않는다. 하지만 결혼이라는 제도 속에서 이것저것 하나씩 경험하다 보면 불투명했던 노후가 조금씩 그려지기 시작한다.

직소 퍼즐을 맞추는 경우를 보자. 3천 피스 직소 퍼즐을 맞출 경우 무작정 시작하면 큰 그림이 보이지 않아 막막하기만 하다. 하지만 퍼즐 중 한쪽 면이나 두 쪽 면이 일자인 퍼즐을 먼저 분류해 가장자리를 먼저 맞추고 나면 윤곽이 보이기 시작한다. 그 다음에는 색깔과 톤별로 분류한 후 전체 퍼즐의 특징적인 부분부터 맞춰 나가면 된다. 한쪽 면과 두 쪽 면이 일자인 퍼즐을 분류해 가장자리를 완성하는 것이 재테크에서는 종잣돈 마련이고 결혼에서는 결혼식을 치르고 함께 사는 것이다.

셋째, 경험을 통해 진정한 장점을 알 수 있다.

돈과 결혼 모두 경험해 보지 않으면 알 수 없다며, 많은 사람이 갑론을박하는 것이다. 돈의 중요함을 진정으로 경험해 보지 않은 사람이 소비와 투자, 재테크를, 결혼도 해 보지 않은 사람이 결혼, 시댁, 자녀를 이야기할 때가 많다. 대체로 부정적인 내용이 대부분이다.

특정한 노력의 과정을 겪으며 부자가 된 사람은 함부로 조언하지 않는다. 그동안 자신의 노력이 고되다는 사실과 본인과 똑같은 상황이 아니라는 것을 너무나 잘 안다. 주식 투자로 보자. 처음 주식 투자로 재미를 본 사람들은 여기저기 자랑하고 조언한다. 실제 투자 금액과 경력을 물어보면 100만 원 이하의 마이크로 주주이거나 시작한지 1년이 안된 경우가 대부분이다. 3년 이상의 시간이 지나 여러 번 상승과 하락을 경험하고 큰 손실도 겪어 보면 일절 다른 사람에게 조언을 할 수가 없다. 돈을 벌었다면 노하우를 공유하기 싫을 것이고 돈을 잃었다면 조언을 해 줄 게 없다.

결혼도 결혼하지 않은 사람이 더 많은 조언을 한다. 결혼으로 행복한 인생을 살고 있는 사람은 할 말이 별로 없다. '정말 좋다'는 말 외에 더 해 줄 말이 없는 것은 물론 이겨낸 환경과 상황도 다 다르다는 걸 알기에 섣불리 의견을 이야기하지 않는다.

넷째, 함께했을 때 시너지가 있다.

혼자 있을 때보다 둘이 있는 것이 더 행복하기에 결혼을 한다. 혼자 있는 게 편한 건 사실이다. 모든 사람이 혼자 있는 게 가장 편하다. 하지만 편한 게 인생의 전부는 아니다. 인정의 욕구, 관계의 욕구, 행복의 욕구 등 인간에게는 다양한 욕구가 있으며 이는 가정 내에서 가장 기본적으로 지속해 충족시켜야 한다. 맛있는 음식도, 아름다운 풍경도 함께할 수 있는 사람이 있을 때 더 가치 있다. 결혼을 통해 이룩한 가족과 함께할 때 모든 것이 더 풍성해진다.

돈도 돈을 좋아한다. 투자도 비슷한 속성이 있어 부동산 투자를 통해 부자가 된 사람은 주식 투자에서도 좋은 성과를 거둔다. 하나의 자산에만 투자하는 부자는 없다. 규모가 커지면 커질수록 안전장치를 마련할 필요도 있지만 한 분야에서 성공한 경험을 바탕으로 다른 분야에 도전해 성공하는 경우가 대부분이다. 강호동이나 서장훈처럼 스포츠에서 두각을 나타냈던 운동선수가 방송에서 자신만의 분야를 개척해 나가는 것과 비슷하다.

다섯째, 감정 통제가 핵심이다.

결혼식 날의 남녀 사진과 25년 이상 결혼 생활을 한 부부의 사진 중 부부를 고르라고 한 실험(출처: Long-Married Couples Do Look Alike, Study Finds(The New york Times, Aug. 11, 1987)이 있었다. 실험 참가자들은 결혼식 날 사진으로 부부를 고르는 건 매우 어려워했지만 25년 이상 결혼 생활을 한 부부를 고르는 건 성공률이 매우 높았다. 특히 행복한 부부일수록 짝짓는 게 쉬웠다고 한다. 이 실험에서 알 수 있는 것은 부부가 같은 감정을 공유하면서 의식적이든 무의식적이든 표정이 같은 근육을 만들어 낸다는 것이다. 이는 25년 결혼 생활을 하면 어느 정도 닮게 된다는 의미이기도 하다.

감정을 잘 공유하려면 잘 통제해야 한다. 느낀 대로 바로 표현하고 말로 뱉는 것을 공유하는 것이라 착각하기 쉽지만 이는 욕구의 해소이지 공유가 아니다. 내 감정을 잘 통제해 올바르게 바라보고 상대방이 이해할 수 있도록 전달하려는 노력이 중요하다. 이것이 진정한 의미의 공감이다.

돈도 감정 통제가 핵심이다. 무조건 절약을 하라는 의미가 아니다. 내가 이성적으로 생각하지 못한 상황에서 단순하게 내 감정만을 위로하는 소비는 절대 도움이 되지 않는다는 의미다. 스트레스로, 우울한 감정으로 부지불식간에 발생하는 소비는 카드 결제일에 더 큰 화가 돼 돌아온다. 운동이나 독서처럼 비교적 저렴하고 유익한 활동을 하며 스스로 감정을 통제하는 게 필요하다. 돈은 너무 바빠서 쓸 시간이 없을 때 더 잘 모인다.

손뼉도 마주쳐야 소리가 나는 법이다. 돈에 대한 기준점이 달라 어느 한 배우자가 소비만 좋아하거나 투자 공부를 하지 않으면 가족의 자산이 줄어들 수밖에 없다. 부자가 되는 과정에는 배우자 양쪽의 동일한 노력과 끊임없는 소통이 필요하다. 관계와 돈의 공통점을 살펴봤던 것처럼 핵심은 소통이다. 부부끼리 감정의 교류가 없다면 문제인 것처럼 돈에 대한 세세한 부분까지 소통하지 않으면 필연적으로 문제가 발생한다. 혹시 우리 부부가 부자 아내와 가난한 남편, 혹은 가난한 아내와 부자 남편이라면 긴밀히 소통해보기를 권한다. 더 나은 부자의 삶을 실현하기 위해서 놓치고 있는 점이 있을지도 모른다.

집중 트레이닝 코스

📌 나는 어떤 배우자를 만나고 싶은가?

_____

_____

_____

📌 나는 어떤 배우자가 되고 싶은가?

_____

_____

_____

📌 부부가 함께 노력하고 싶은 분야는 무엇인가?
ex) 독서, 재테크, 취미 등

_____

_____

_____

5장

나:
모든 관계의 출발점

어떻게 하면 외적인 것에 휘둘리지 않고 현명한 선택을 할 수 있을까? 나 자신을 잘 아는 것이 첫걸음이다. 다른 사람과의 관계를 먼저 살펴봤지만 이 세상에서 가장 중요한 건 나 자신이다. 내가 올바르게 서지 못하면 관계도 원활하게 유지되지 않는다. 갓 태어났을 때는 당연히 스스로를 중심이라고 여긴다. 일정 나이까지는 울고 짜증을 내더라도 가족을 비롯한 다른 사람이 받아준다. 갓난 아이일 때는 단어하나만 이야기해도, 방귀를 뀌더라도 다 웃어 주기 때문에 상대방을 고려할 필요가 없다.

하지만 특정 나이가 지나면 타인의 시선을 인식하기 시작한다. 사람마다 발달 나이가 달라 특정할 수 없지만 적어도 타인을 이해한 후부터 '나'는 뒷전이 된다. 나를 위해 시간을 사용하기보다 가족을 위해, 학교를 위해, 친구를 위해, 회사를 위해 더 많은 시간을 사용한다. 중·고등학교 시절을 거쳐 대학교와 직장 생활을 하면서도 여전히 나를 돌아볼 기회는 없다.

사실 우리 주변은 우리를 혼란스럽게 하는 존재로 가득하다. 나를 위한 소비를 부추기는 광고와 미디어가 사방에 있으며 발달한 IT 기기와 빠른 통신 환경은 언제 어디서든지 오락거리를 제공한다.

진정한 나를
만나야 한다

가만히 있으면 시대와 유행이라는 거센 조류에 휩쓸려 대부분의 사람들과 똑같은 위치에 도착할 수밖에 없다. 그곳은 목적지가 아니라 남들과 같이 표류하다 우연히 도착한 장소일 뿐이다. 표류할 때 하더라도 진정한 나를 먼저 찾아야 한다. 그렇다면 어떻게 하면 진정한 나를 찾을 수 있을까? 나를 찾는 과정은 다섯 단계로 나눌 수 있다.

- 1단계: 인정. 나는 내가 선택한 결과의 총합
- 2단계: 이해. 자산, 능력, 취미, 특기 등 종합적인 판단
- 3단계: 방해물 제거. 주변의 마이너스 없애기
- 4단계: 목표 설정. 작은 행동 목표의 중요성
- 5단계: 방향 조정. 지속적인 A/S

1단계는 인정하는 단계이다.

과거의 삶과 현재 내 모습을 솔직히 인정하는 단계이다.
나는 내가 선택한 결과의 총합이다. 지금까지 한 선택과 결
정은 생각보다 촘촘하게 내 삶과 엮여 있다. 작게는 시험 공
부를 언제 할지 선택하는 것부터 크게는 대학과 회사를 선
택하는 것까지 지금의 내 위치에 영향을 미친다. 부정하고
후회해도 이는 바뀌지 않는다.

1단계에서는 기록이 필수다. 현재 내 모습에서 마음에
들지 않는 면이 있다면 원인을 생각해 보고 기록한다. 반대
로 마음에 드는 면이 있다면 그 역시 기록해 본다.

아주 작은 장점이라도 있으면 극대화해서 표현하는 서
양의 문화와 달리 우리나라 문화는 나에 대해 인색하다. 이
는 진정한 나에 대해 고민하지 못하게 하는 교육 체계와 공

동체를 강조하는 문화 때문이다. 사소한 것이라도 좋다. 적고 고민하는 과정을 통해 나의 위치를 더 잘 받아들여 보자. 특히 마음에 들지 않는 면은 기록하지 않으면 보이지 않는다. 단점은 스스로 생각하기 힘들고 다른 사람이 알려주지 않는다.

나는 '나만의 워크숍'을 다른 사람들에게 많이 권한다. 하루도 좋고, 1박 2일도 좋다. 회사에서 워크숍을 열어 직원의 화목을 도모하고 발전 방향을 모색하는 것처럼 나와의 워크숍을 진행하자. SWOT_{Strengths, Weakness, Opportunities, Threats} 분석을 하고 반성도 하며 1년 계획까지 세워 보자. 여러 가지 약속으로 바쁜 12월보다 한 해의 시작을 한 달 먼저 준비하자는 생각으로 11월에 진행해도 좋다. 달리는 중에는 당연히 뒤돌아볼 수 없고 주변 풍경도 제대로 보지 못한다. 진정한 나는 멈춰야 비로소 보인다.

2단계는 이해다. 자산, 능력, 취미, 특기 등 종합적으로 판단해 현재 나의 위치를 파악하는 단계이다.

긍정적인 마인드를 심는 단계이기도 하다. 사람은 누구나 남들보다 뛰어난 점이 있다. 다만 늦게 발견될 뿐이다. 경제학 개념 중 '비교우위론'이 있다. 국가 간 무역이 발생하는 원리를 설명하는 이론으로 선진국과 후진국 중 선진국이 모든 기술력에서 우위에 있더라도 상호 무역을 통해 양국 모두 이익을 창출할 수 있다는 이론이다. 상대적으로 더 유리한 것이 있다면 후진국도 무역을 통해 발전할 수 있는 것처럼 평범한 사람도 남들보다 뛰어난 장점을 발견해 성장할 수 있다.

1단계의 기록이 빛을 발하는 건 바로 이 순간이다. 나에 대한 사소한 한 단어와 한 문장이 내가 잘할 수 있는 일과 하고 싶은 일로 발전할 수 있다. '꼼꼼하다'는 단어 하나로 청소를 잘하는 사람이나 여행 계획을 잘 세우는 사람으로 발전할 수 있고, '혼자 있는 걸 좋아한다'는 문장 하나가 책을 좋아하는 사람이나 혼자 놀기 콘텐츠를 만드는 사람으로 발전할 수 있다.

방향과 목적지를 정해 시작을 하려면 가장 먼저 내가 있는 곳을 정확히 파악해야 한다. 항해에 비유한다면 보유한 식량, 돛의 상태, 선원의 능력을 정확하게 파악한 후 배를 띄워야 하는 것처럼 나에 대해 최대한 자세히 알고 있어야 내가 원하는 삶을 살 수 있다.

3단계는 주변의 마이너스 요소를 없애 방해물을 제거하는 단계이다.

사람은 생각보다 약하다. 다른 사람이나 주변 환경에 많은 영향을 받는다. 내가 원하는 삶을 살기 위해 주변의 마이너스 요소를 없애야 한다. 나에게 비판을 하는 사람일 수도 있고 내 시간과 돈을 좀먹는 사람일 수도 있다. 아니면 원치 않는 회식 자리나 주말의 불필요한 모임일 수 있다. '한 번은 괜찮겠지' 하는 생각으로 방해 요소를 방치하면 결국 포기를 가져온다. 관대하게 베풀었던 내 시간과 돈이 결국 어떻게 돌아왔는지 곰곰이 생각해 보자.

70%보다 100%가 더 쉬울 수 있다. 목표를 향해 가는데 봐줄 것 다 봐주고 희생할 것 다 희생해서 70%만 이루는 것은 목표를 계획한 것이 아니라 실패를 계획한 것과 같다. 100도가 되어야 물이 끓는 것처럼 인생도 마찬가지다. 각자의 마이너스 요소를 없애야 한다. 술에 시간과 돈을 많이 뺏기는 사람은 술을 끊어야 하고 쇼핑에 많이 뺏기는 사람은 쇼핑을 제로로 만들어야 한다. 그리고 가족 때문에 힘든 사람은 가족과도 거리를 두어야 한다.

그렇다고 영원히 이렇게 해야 한다는 것은 아니다. 그리고 주변 사람에게 모질게 굴어 끊으라는 것이 아니다. 내가 목표한 바를 성취할 때까지 일정한 거리를 유지해야 한다는 의미다. 그렇게 하더라도 제거한 마이너스 요소는 현실에서 사라지지 않는다. 언제든지 우리가 원하면 다시 만날 수 있으며 언제든지 다시 할 수도 있다.

4단계는 목표를 설정하는 단계이다.

사람에게 제일 중요한 감정은 바로 자존감이다. 나를 인정하고 장점과 단점을 파악하며 마이너스를 제거하는 것도 결국 내 자존감을 스스로 고취시키기 위해서다.

자존감을 고취시키는 가장 간단한 방법은 100% 성공할 수 있는 목표를 계획하고 달성하는 것이다. 이를 반복하기만 하면 자존감은 서서히 올라간다. 조금이라도 달성이 힘들 수 있는 목표라면 아예 계획하지 않는 편이 좋다. 특히 처음에는 양과 같은 숫자로 목표를 세우기보다 행동을 기준으로 목표를 세우자. 독서를 예로 들자면 일주일에 한 권 읽기나 한 달에 한 권 읽기처럼 양으로 목표를 세우지 않고 아무 책이나 외출할 때 무조건 들고 나가기나 지하철 이동 중 책을 펼치기, 잠들기 전 침대 위에서 독서하기 등 행동을 목표로 세우면 좋다.

이렇게 하다 보면 자신감이 생기고 주위에 관심도 갖게 되면서 자연스레 조금 더 상향된 목표를 계획하게 된다. 또한 관심 분야가 생기고 연관된 주제로 목표가 더 확장된다.

5단계는 지속적인 A/S를 통해 방향을 조정하는 단계이다.

목표를 설정하고 계획을 수립해 열심히 노력하면서 목표를 향해 잘 가고 있는지 점검해야 한다. 출발점에서 내 위치를 파악했던 것처럼 목표를 향해 가는 여정에서 일정 시점마다 위치를 점검하자. 목표를 향해 잘 가고 있을 확률보다 잘못 가고 있을 확률이 높다. 지속적으로 수많은 변수가 생기고 저항과 방해꾼이 끊임없이 나타나기 때문이다.

배가 목적지로 출발했다고 반드시 안전하게 도착하지는 않는다. 배는 해류와 기상 악화로 끊임없이 경로를 이탈하려고 할 것이고 긴 항해로 지친 선원은 내 마음처럼 움직이지 않을 것이다. 그럴 때마다 선장인 나는 다시 배를 경로로 들어오게 해야 한다. 미리 설정한 목표와 계획으로 다시 끌고 와야 한다.

목표를 향해 간다는 건 경로를 벗어날 때마다 다시 경로로 끌고 들어오는 과정을 반복하는 것이다. 이미 목표를 향해 가고 있는 상태이다. 이때 들어가는 노력과 수고는 초기보다 적다. 다만 지속적이어야 하고 더 세심해야 함을 잊지 말자.

진정한 나를 발견하는 5단계를 통해 스스로 목표를 설정하고 계획하며 달성하는 사람이 되면 비로소 주변을 돌아보는 힘이 생긴다. 온전히 나를 지키면서 타인을 배려하고 사회를 위해 헌신할 수 있게 된다. 희생이 아니다. 고통 또한 아니다. 나를 더 올바르게 설 수 있도록 하는 힘이자 가족이나 회사 나아가 사회 구성원으로 살아갈 수 있도록 하는 원동력이다. 아이유나 김연아 같은 유명 스타나 해외 부자의 고유명사인 워렌 버핏과 빌 게이츠가 평범한 우리보다 기부를 많이 하고 사회적인 목소리를 내는 건 자신을 희생해서가 아니다. 자신을 잘 아는 사람만이 할 수 있는 행위가 기부로 발현된 것이다. 나를 오롯이 돌보고 위해 줄 수 있는 사람만이 타인에게 절대적인 선의를 베풀 수 있다.

스스로 너무 지치고 힘들다면 혹은 타인에 대한 배려가 버겁다면 다 제쳐 두고 가장 먼저 나를 돌아봐야 한다. 청소년기를 거치며 배웠던 인생에서 '당연'하다고 생각해 온 사실에 의문을 제기해 보고 소중한 인생을 위해 진정한 나와 만나자. 나와의 대화가 어렵게 느껴질 수 있다. 특히 자존심이 강하고 지는 걸 싫어하는 사람일수록 나를 객관적으로 바라보는 게 두려울 수 있다. 하지만 나와의 관계가 원만한 사람이 다른 사람과의 관계도 원만하다. 명심하자. 모든 관계의 출발은 나로부터 시작한다.

인생PT

📌 모든 관계의 출발점은 나라는 말에 동의하는가? 그렇다면 다시 출발
　　하고 싶은 관계는 없는가?

_____

_____

_____

📌 현재 나는 진정한 나를 찾는 5단계 중 어디에 해당하는가?

_____

_____

_____

📌 내가 없애야 할 마이너스 요소는 무엇인가?

_____

_____

3부 • 관계의 도

6장

내 최고의 모습을 기대하는
사람과 만나라

우리는 여기까지 '관계와 돈'이라는 제목으로 부모, 친구, 배
우자 그리고 나와의 건강한 관계를 알아보았다. 하지만 정
작 돈과 관련한 내용이 없어 의아하게 생각할 수 있다. 주식
투자와 관련해 다음과 같은 말이 있다.

"지지 않는 곳에서 이기기를 기다린다."

기업의 가치보다 낮은 저렴한 가격대에 사서 기다렸다
가 주가가 각종 호재로 상승할 때 매도하는 투자 방법을 의

미한다. '지지 않는 곳'이라 표현했지만 결국 싸게 사는 것이 가장 중요하다는 말이다.

관계도 이와 같다. 좋은 부모와 나쁜 부모, 좋은 친구와 나쁜 친구, 좋은 배우자와 나쁜 배우자로 관계를 나눠 생각해 보면 좋은 부모, 친구, 배우자를 둔 경우는 '지지 않는 곳'에서 주식을 매수한 것처럼 이미 상당히 돈과 관련해 앞서 있다. 반대로 나쁜 부모, 나쁜 친구, 나쁜 배우자를 둔 경우는 돈 문제로 크게 다툴 경우가 반드시 생기며 일생일대의 곤경을 겪을 수도 있다.

내 주변이 건강한 관계로 맺어졌다면 적어도 관계 때문에 생기는 문제는 걱정하지 않아도 된다. 그때부터 발생하는 문제는 오롯이 내 탓이기에 오히려 나에게 더 집중할 수 있다는 장점으로 작용한다.

관계는
우리 인생의
근간

관계는 우리 인생의 근간이다. 관계가 어려워지면 돈뿐만 아니라 일, 건강 등 모든 것이 무너진다. 평소에 관계를 잘 정비하고 관리해야 한다. 단순히 괜찮을 것이라는 생각을 하며 사소한 것도 방치하면 거기서부터 문제가 발생한다.

각 관계에서 따로 설명하지 않았지만 모든 관계를 관통하는 조언은 "나에게 최고의 모습을 기대하는 사람과 만나라"이다. 캐나다의 심리학자인 조던 B. 피터슨_{Jordan B. Peterson}이 『12가지 인생의 법칙』에서 한 말이다. 부모도, 형제자매도, 친구도, 배우자도 기본적으로 나를 응원하고 지지하는 존재이지만 오히려 비난하고 낙담시키는 존재일 때도 있다. 그리고 경쟁하거나 시기와 질투를 할 때도 있다.

나에게 도움이 안 되는 존재와는 거리를 두어야 한다. 가까운 가족이라 할지라도 1년에 한 번을 보더라도 최대한 멀리하는 게 좋다. 부정적인 마음은 쉽게 전염된다. 아예 관계를 끊으라는 것이 아니다. 내가 원하는 목표를 위해 노력하는 과정에서 멀리하자. 목표를 성취한 후 함께해도 충분하다.

나와의 관계에서도 마찬가지다. 내 최고의 모습을 기대하는 사람은 나 자신이 첫 번째여야 한다. 스스로 최고의 모습을 만드려는 노력을 해야 내면의 자기 자신과 건강한 관계가 생성될 것이다.

집중 트레이닝 코스

📌 스스로 생각하는 본인 최고의 모습은 무엇인가?

_____

_____

_____

📌 나에게 부정적인 영향을 미치는 주변 사람 세 명을 써 보자.

_____

_____

_____

📌 나에게 최고의 모습을 기대하는 사람 세 명을 써 보자.

_____

_____

_____

4부
습관과 돈

우리의 최종적인 목표는 지속적인 부자의 삶을 사는 것이다. 자동차에 연료가 필요하듯 인생에도 연료가 필요하다. 바로 습관이다. 작은 습관이라도 좋은 습관은 계속 강화하고, 부정적인 습관은 최대한 제거해야 삶을 지속하게 하는 좋은 연료가 된다.

1장
부자가 되는 것보다
부자로 살아가는 게 중요하다

세상에 부자가 되는 방법을 다룬 기술서는 넘쳐난다. 부동산 고점에는 청약, 갭투자, 경매 등으로 부자가 된 사람의 책이, 주식 고점에는 테마주, 성장주 등 주식으로 인생을 바꾼 사람의 책이 많다. 최근에는 개인 유튜버의 영상과 책이 온갖 미사여구로 우리를 유혹한다. 하지만 '부자로서 영원히 살아가는 방법'과 관련한 책이나 유튜브 영상은 한 번도 보지 못했다. 그 이유는 무엇일까?

대공황으로 부자가 됐지만 4년 만에 막대한 손실을 입고 생을 마감한 제시 리버모어Jesse Livermore의 사례처럼 부자가 됐다고 죽을 때까지 부자인 것은 아니다. 1990년대 중후반 전 세계적으로 1,500만 부 이상 팔리면서 자기계발서 바이블 역할을 했던『성공하는 사람들의 7가지 습관』을 쓴 저자 스티븐 코비Stephen R. Covey도 결국 2012년 파산하고 신용불량자가 됐다.

부자가 되는 것을 넘어 부자로 영원히 살아가기를 선택하자

부자가 되는 것과 부자로 평생 살아가는 것은 전혀 다른 문제이다. 부자가 되는 건 투자의 흐름을 잘 타거나 좋은 사업 기회를 만나는 것만으로도 될 수 있다. 극단적으로 낮은 확률이지만 복권 당첨으로도 가능하다. 하지만 부자로 살아가는 건 평생을 거쳐 수행해야 하는 자기 자신과의 싸움이다. 자산을 잘 지키면서 적절하게 투자도 해야 하고 욕심이 많은 사람으로 비춰지지 않도록 주변에 베풀면서 편견과도 싸워야 한다. 소비를 많이 할 수도 없으며 언제든지 닥쳐올 수 있는 위기에 대비해 지식과 지혜를 부지런히 쌓아야 한다. 이 모든 것을 책으로 전달하려면 내용이 방

대해진다. 알려준다고 똑같이 실천하는 건 불가능에 가깝다. 무엇보다 부자로 살고 있는 사람들은 본능적으로 그리고 경험적으로 이를 잘 알고 있다. 이것이 바로 '부자로 영원히 살아가는 방법'과 관련한 책이나 영상이 없는 이유다.

부자로 살아가면서 계속해서 돈 관련의 책을 출간하는 사람들을 살펴보면 부자로 영원히 살아가는 방법을 유추해볼 수 있다. 그들이 똑같이 강조하는 건 바로 습관이다. 공부나 독서, 신문 읽기, 운동, 아침 기상 등 모두 중요할 수 있지만 뒤에 습관이란 말이 붙어야 진정한 효과가 발생한다.

습관에서 '습'은 習이란 한자로 '익힐 습'으로 읽는다. 위에는 羽는 '깃 우'라고 읽고 새의 날개를 의미하며 아래는 '흰 백'을 의미하는 白가 쓰였다. 한자의 기원인 갑골문자에는 원래 '날 일'인 日이 그려져 있었다고 한다. '익힐 습習'은 새가 하늘을 나는 법을 익히기 위해 투자하는 매일매일의 노력을 의미하는 글자인 셈이다.

부자의 기준은 사람마다 다르겠지만 '돈 걱정 없이 내 마음대로 하고 싶은 일을 원하는 사람과 자유롭게 할 수 있는 상태'라고 정의한다면 누구나 부자가 되고 싶을 것이다. 경제적 자유를 이룬 부자 중 얼마를 벌어서 좋다거나 비싼 차를 사서 좋다고 이야기하는 사람은 없다. 이런 만족감은 오래가지 못하기 때문이다.

『돈의 속성』을 쓴 김승호 회장은 "돈이야 말로 나와 내가 사랑하는 사람들을 보호하거나 도울 수 있고 남에게 신세지지 않고 살게 해준다"라고 말했다. 이는 모든 사람이 원하는 소망이자 기준일 것이다. 나 역시 부자의 삶을 선택할 것이다. 나 자신뿐만 아니라 사랑하는 사람을 돕고 보호하며, 내가 원하는 시간과 장소에서 원하는 일을 하며 살고 싶다.

인생의 중심은 '나'이다. 내가 어떤 기준을 갖고 인생을 사는지에 따라 가족을 비롯한 내 주변은 내 덕분에 더 행복해질 수 있다. 시간이 지나면 누구나 부자가 될 수 있다. 실패를 경험하더라도 돈 공부를 통해 그 시간을 단축시킬 수 있다. 하지만 부자의 인생을 사는 건 다른 차원의 문제다. 부자가 되는 과정 중이든 실패를 경험한 순간이든 부자의 습관을 익히면 적어도 지금의 자금 수준을 유지하거나 그 이상으로 불릴 수 있다. 무엇보다 부자의 습관은 투자금이 필요 없다.

우리는 행동하는 과정을 통해 '어떤' 사람으로 만들어진다. 부자로 살아가기 위한 일곱 가지 습관을 알아보고 하나씩 실천하면서 부자로서 평생 살아갈 준비를 해 보자. 더불어 일곱 가지 습관을 아는 데서 그치지 않도록 '시작 습관'을 통해 내 것으로 만들어 보자. '시작 습관'은 인생에서 목표를 달성하기 위해 습관이라는 문을 여는 열쇠가 될 것이다.

집중 트레이닝 코스

📌 부자로 살아가기를 선택할 것인가? 내가 배우고 싶은 부자의 습관은
　무엇인가?

_____

_____

_____

📌 내가 갖고 있는 긍정적인 습관 세 가지를 써 보자.

_____

_____

_____

📌 내가 갖고 있는 부정적인 습관 세 가지를 써 보자.

_____

_____

_____

2장

기록하는
습관

부자들은 기록을 중요하게 생각한다. 신용과 약속을 중요시 한다는 이유도 있지만 모든 걸 자기 통제 하에 두고 꼼꼼하게 챙기고 싶은 이유도 크다. 기록의 중요성은 다른 사람에게 미치는 영향력과 관련된 일의 금액 규모가 커질수록 커진다. 그리고 사업 운영이나 세금과 관련해 문제가 발생하면 증빙이 필요해 자세한 기록이 필수다. 기록의 방법과 형태는 크게 중요하지 않다. 자신만의 방법으로 규칙적인 기록을 하면 된다. 깜빡했다거나 몰랐다고 이야기하는 횟수가 많을수록 부자의 삶과는 멀어진다.

내 주변에도 있다. 오래된 고객이자 판촉물 판매 회사를 운영하는 박 대표님은 책상 위에 세 개의 달력을 놓고 스케줄을 관리한다. 이번 달과 다음 달, 그다음 달까지 일렬로 놓고 업무와 관련한 일정뿐만 아니라 개인적인 일정도 꼼꼼하게 챙긴다. 10년이 넘게 관계를 이어오고 있지만 약속을 취소하거나 약속 시간을 어긴 경우가 단 한 번도 없다. 성격까지 좋은 박 대표님께 자산이 붙는 건 당연하거니와 좋은 사람까지 주변에 넘쳐난다.

부자들이 기록을 하는 이유는 세 가지이다.

첫째, 신뢰를 줄 수 있기 때문이다.

똑똑하다고 해서, 좋은 대학을 나왔다고 해서 모두 부자가 되는 것은 아니다. 부자가 되는 데 유리할지 몰라도 부자로 살아가는 데는 큰 차이가 없다. 하지만 두뇌 능력에는 한계가 있다. 모든 것을 머릿속에 다 기억하고 살아갈 수 없다. 만나는 사람이 많아지고 사업이 확장될수록 더 복잡해진다. 자신만의 방법으로 정기적인 기록을 하지 않는다면 많은 약속과 계획을 모두 챙길 수 없다.

기록은 휴대폰 메모장이든 종이 노트든 상관 없다. 중요한 건 자신만의 방법과 루틴이다. 사소한 약속을 지키며 쌓은 신뢰는 우리를 부자의 위치에 더 가까워지도록 만들어

준다. 나아가 부자로서 살아가는 데도 가장 중요한 습관이 될 것이다.

둘째, 더 많은 기회를 발견할 수 있기 때문이다.

기록을 하는 이유는 객관화하기 위해서이다. 머릿속으로 생각만 하던 걸 글로 적다 보면 다른 시각으로 바라볼 수 있게 된다. 이것이 아이디어로 발전되어 새로운 사업 아이템이 되거나 관계에 새로운 기회를 줄 수도 있다. 누군가를 만나 짧게라도 느꼈던 감정과 사실을 적어 놓으면 다음 번 만났을 때 그것이 실마리가 되기도 한다. '깔끔하게 다림질된 셔츠', '정돈된 머리 스타일', '첫 번째 만남 때 마셨던 음료' 등을 간단하게 메모해두면 다음 만남이 쉽게 풀릴 수 있다. 이는 자연스레 호감으로 이어져 더 많은 사업 기회를 가져오거나 나보다 더 뛰어난 사람을 만나는 발판이 될 수도 있다.

셋째, 기록을 통해 기억의 부담을 덜어낼 수 있다.

기억력에는 한계가 있기 마련이다. 무한정 정보를 집어넣을 수는 없다. 중요한 정보든 사소한 정보든 기록해놓는 습관을 들이자. 포털 사이트의 비밀번호나 가족의 주소 등은 굳이 머리로 기억할 필요가 없다. 머리는 사업을 구상하고 나를 더 성장시키며 재테크를 더 잘하도록 사용해도 부족하다. 사소한 정보는 기록하는 것만으로도 머리를 가볍게 만들어 사고의 영역을 확장시킬 수 있다.

부자의 습관을 내 것으로 만들기	
기록하는 습관 시작 습관	노트(기준) 설정하기

미디어의 발달로 기록하는 건 쉬워졌지만 그만큼 종류가 다양해져 막상 이용하려면 당황스러운 경우가 많다. 기록하는 습관을 만들려면 먼저 기록하는 기준을 정해야 한다. 휴대폰의 노트 기능을 활용해도 좋고 휴대용 노트가 편한 사람은 노트에 적어도 좋다. 유튜브나 블로그를 통해 다양한 정보를 얻는다면 에버노트나 노션 같은 앱을 활용해도 좋다. 아니면 카카오톡의 나에게 보내는 기능이나 녹음도 괜찮은 방법이다. 블로그나 인스타 같은 SNS도 기록하는 기준이 될 수 있고 사진으로 기록하는 구글 포토를 활용해도 좋다.

중요한 건 나만의 기준을 설정하는 것이다. 기록을 바탕으로 아이디어를 구하거나 문제를 해결하는 등의 긍정적인 경험을 한 번이라도 하게 되면 이는 반복되면서 습관으로 이어질 수 있다. 무엇을 적을지는 그다음 문제이다. 정보와 느낌을 적어도 좋고 감사할 일을 적어도 좋다. 아니면 내일 할 일을 적어도 좋다. 기록하는 행위 자체에 의의를 두자. 기록하는 행위가 습관이 되면 부자로 사는 가장 첫 번째 관문을 통과하는 것이다.

집중 트레이닝 코스

📌 나는 비밀번호 혹은 물건(카드, 휴대폰 등)을 자주 깜빡하는가? 그 원인
은 무엇일까?

_____

_____

_____

📌 그렇지 않다면 그 이유는 무엇일까?

_____

_____

_____

📌 정기적으로 기록하는 도구가 있는가? 그 도구의 장점과 단점은 무엇
일까?

_____

_____

_____

📌 얼마나 오랫동안 기록을 보관하고 재정리하는가? 나의 가장 오래된
기록은 무엇인지 찾아보자.

_____

_____

_____

3장
제대로
소비하는 습관

부자가 되는 데 가장 중요한 건 저축이다. 소득이 아무리 높아도 저축하지 않으면 부자가 될 수 없다. 전 세계 모든 부자의 첫 걸음은 저축이었다. 저축은 소득의 일정 부분을 모은다는 개념이지 투자를 의미하는 건 아니다. 매월 일정한 금액씩 주식을 사도 좋고 적립식 펀드를 해도 좋으며 적금을 들어도 좋다. 핵심은 소득 중 일정 비율을 매월 모은다는 것에 있다. 다 쓰고 남은 돈을 저축하는 것이 아니라 미리 목표를 갖고 저축해야 한다. 부자들은 저축한 후 소비하는 습관을 꾸준히 지킨다. 다만 전체 금액이 커져 더 많이 소비하는 것처럼 보이거나 잠을 잘 때도 돈을 벌어들이는 시스템이

정착되어 소비가 차지하는 비율이 적을 뿐이다.

저축을 먼저 하고 예산 내에서 소비를 하게 되면 세 가지 장점이 있다.

첫째, 소비를 통제할 수 있다.

소비를 통제하는 것은 쉽지 않다. 소비를 미덕인 것처럼 부추기는 미디어, 주변 동료나 지인 들의 시선과 평가 때문이다. 하지만 먼저 저축을 하고 일정 범위 내에서 소비를 한다면 불필요하거나 충동적인 지출을 줄일 수 있다. 사람은 생각보다 단순하다.

둘째, 재무 목표를 달성하기 위한 계획을 세울 수 있다.

금액의 크기와 상관없이 재테크에는 목표를 설정하는 게 중요하다. 목표를 세워야 실천 계획을 세울 수 있다. 저축을 먼저 하는 습관을 들일 경우 목표를 달성하는 시점까지 나누어 매월 얼마씩 저축할지 계획을 세울 수 있다. 부자들도 거친 과정이다. 저축을 하며 종잣돈을 마련하는 과정 없이 부자가 되는 방법은 없다. 가장 작은 목표라도 계획을 세우고 실제 행동을 통해 성과를 달성해야 한다.

셋째, 열심히 일하고자 하는 동기부여가 된다.

누구나 소비를 통해 동기부여를 해야 할 시기가 있다. 그동안 못 가본 여행도 가고 마음에 담아두었던 좋은 옷이나 액세서리를 살 수도 있다. 물론 그렇다고 해서 매번 소비를 통해 동기부여를 할 수 없음은 당연한 일이다. 지속적으로 나에게 힘이 되고 조금 더 많은 기회를 잡을 수 있도록 하는 건 스스로 일군 자산이다. 그중 저축을 통해 스스로 만든 종잣돈은 가장 든든한 힘이 된다. 그리고 한 번 성공한 경험은 가장 강력한 동기부여가 된다. 절제하며 노력하고 성공하는 과정 덕분에 부자들은 허투루 돈을 쓰지 않는다.

부자의 습관을 내 것으로 만들기	
소비하는 습관 시작 습관	저축률 정하기

소득이 아무리 높더라도 저축률이 제로이면 그 어떤 사람도 부자가 될 수 없다. 반대로 소득이 아무리 적더라도 저축률이 플러스라면 누구나 부자가 될 수 있다. 저축률이 높으면 부자가 되는 시간이 빨라진다.

저축을 먼저 하는 습관을 시스템화하기 위해서는 저축률을 정하는 것이 첫 번째이다. 금리가 낮은 은행의 적금이어도 좋고 증권사의 적립식 펀드여도 좋다. 만약 주식을 좋아한다면 주식도 좋다. 월 소득의 10%면 10%, 30%면 30%로 기준 금액을 정하고 저축을 시작해 종잣돈을 모으자. 이를 통해 소소한 재무 목표라도 달성한다면 긍정적인 경험으로 쌓일 것이다.

소액으로라도 일정 기간 동안 꾸준히 종잣돈을 만든 경험은 재테크와 관련한 자존감을 올리는 가장 쉬운 방법이다.

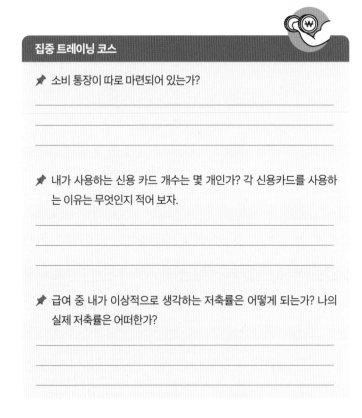

집중 트레이닝 코스

📌 소비 통장이 따로 마련되어 있는가?

_____

_____

_____

📌 내가 사용하는 신용 카드 개수는 몇 개인가? 각 신용카드를 사용하는 이유는 무엇인지 적어 보자.

_____

_____

_____

📌 급여 중 내가 이상적으로 생각하는 저축률은 어떻게 되는가? 나의 실제 저축률은 어떠한가?

_____

_____

_____

4장
우선순위를 구분하는 습관

인생에는 수많은 과제가 있다. 이를 중요한 정도와 긴급한 정도를 기준으로 나누면 네 가지로 분류할 수 있다. 중요하면서 긴급한 일, 중요하지만 긴급하지는 않은 일, 중요하지 않지만 긴급한 일, 중요하지도 않고 긴급하지도 않은 일이다. 20대 학생에게 내일 있을 시험 공부나 직장인에게 팀의 존폐를 좌우할 정도의 프로젝트 발표 같은 건 중요하면서도 긴급한 과제이다. SNS 확인이나 연락을 주고받는 건 중요하지 않지만 긴급한 과제이다. 긴급한 과제는 누구나 잘 실천한다.

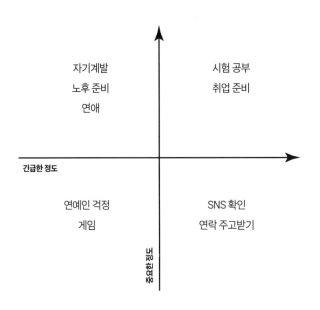

자기계발
노후 준비
연애

시험 공부
취업 준비

긴급한 정도

연예인 걱정
게임

SNS 확인
연락 주고받기

중요한 정도

20대의 중요도와 긴급도에 따른 일 예시

　이 중 인생에서 큰 차이를 만드는 건 중요하지만 긴급하지 않은 일이다. 긴급하지 않기 때문에 크게 문제로 느껴지지 않아 미루는 일이 여기에 속한다. 중요하지만 긴급하지 않은 일은 무엇이 있을까? 사실 여기에 부자들이 꾸준히 실천하는 모든 것이 있다. 바로 자기계발, 노후 준비(저축 등)다.

　부자들이 중요하지만 긴급하지 않은 일을 먼저 하는 이유에는 세 가지가 있다.

　첫째, 중요하지만 긴급하지 않은 일로 인한 실패를 경험했기 때문이다.

동서양을 막론하고 부자들이 공통적으로 이야기하는 게 실패 경험이다. 가난으로 힘든 어린 시절을 보낸 경험이나 사업 실패로 바닥까지 내려갔던 경험은 마치 부자가 되기 위한 필수 과정처럼 여겨질 정도다. 건강이나 인간관계도 마찬가지다. 암에 걸렸거나 큰 사고를 경험한 사람은 건강 관리가 중요하다는 걸 알고 인간 관계로 힘든 일을 겪은 사람은 평소 관계를 돈독하게 쌓기 위해 애쓴다.

둘째, 중요하지만 긴급하지 않은 일에서 해답을 찾았기 때문이다.

중요하지만 긴급하지 않은 일은 결과가 바로 보이지 않는 일이다. 외부 자극을 받고 한두 번 몰입하는 기간이 있을 수 있지만 장기적인 비전을 갖고 꾸준하게 실천하려면 동기부여를 하는 게 절대적으로 필요하다. 스스로 동기부여를 하는 가장 쉽고도 확실한 방법은 직접 문제를 발견하고 해결하는 것이다. 자기계발이면 자기계발, 운동이면 운동, 독서면 독서 등 그 안에서 실제 겪고 있는 문제와 해답을 발견하면 누가 시키지 않아도 반복해서 한다. 부자들은 중요하지만 긴급하지 않은 일에서 자신들의 문제와 해답을 발견한 사람들이다.

셋째, 선순환의 원리를 알고 있기 때문이다.

자기만의 루틴을 정해 중요하지만 긴급하지 않은 일을 묵묵히 하다 보면 다른 일도 해결할 수 있다. 모든 일은 연결되어 있으며 남들이 잘하지 않는 일에서 연결 고리가 시작된다. 식당을 해도 남들이 다 하는 메뉴보다는 남들이 잘 하지 않는 메뉴를 선정하고 사업도 남들이 하지 않은 비즈니스 영역을 해야 성공 확률이 더 높다. 우리를 특별하게 만들어 주는 것은 중요하지만 긴급하지 않은 일이다.

부자의 습관을 내 것으로 만들기	
중요하지만 긴급하지 않은 일을 먼저 하는 습관 시작 습관	요일, 시간 지정하기

대체적으로 중요하지만 긴급하지 않은 일은 비슷하다. 어떤 일인지 다 알고 중요하다는 사실은 알지만 긴급함에 따라 실행 여부가 결정된다. 실패한 후에는 모든 사람이 깨달음을 얻는다. 그러나 실패하기 전에 중요하지만 긴급하지 않은 일을 잘 처리하려면 긴급의 정도를 머리로만 판단하지 말고 실제 행동으로 옮길 수 있도록 약간의 강제성을 띤 방법이 필요하다. '매주 토요일 오후는 자녀와 함께한다', ''출근길을 활용해 책을 읽는다'처럼 100% 실천할 수 있는 일부

터 정하면 좋다.

부담이 가지 않는 선에서 기준을 정해 실천해보자. 하다 보면 긍정적인 피드백이 오는 순간이 있다. 가족의 행복하다는 감정 표현일 수도 있고 더욱 건강해진 자신의 몸일 수도 있다. 그때부터는 누가 시키지 않아도 자연스러운 선순환이 가능해진다.

집중 트레이닝 코스

📌 나에게 중요하지만 긴급하지 않은 일 세 가지를 적어 보자.
(현재의 우선순위)

_____

_____

_____

📌 가장 부담이 없는 요일과 시간대는 언제인가? 그 시간을 어떻게 활용하고 싶은가?

_____

_____

_____

📌 일주일을 기록하며 실천해 보자.

_____

_____

_____

_____

_____

_____

5장

보이지 않는 부분을
살피는 습관

부자가 되는 과정은 자신과의 싸움이며 단거리 달리기가 아닌 마라톤이다. 보이지 않는 부분을 보는 능력이 무엇보다 중요하다. IT 기기가 발전하고 사회가 고도화되면서 즉각적으로 보이는 '가시성'이 사람에게 크게 영향을 미친다. 하지만 이에 현혹될수록 부자의 길과는 멀어진다.

보이는 영역은 화려하고 매혹적이다. 평범한 삶을 살면 화려한 모습에 끌려갈 수밖에 없다. 하지만 부자는 보이는 부분보다 보이지 않는 부분을 더 신경 쓰는 사람들이다. 사업적인 성공일 수도 있고 목표를 성취하는 것일 수도 있다.

그들은 원하는 미래를 위해 불필요한 고민을 최대한 줄이려고 노력한다.

전 직장 선배이자 본인의 삶을 누구보다 열심히 살고 있는 멘토 같은 분이 있다. 자주 보지는 못하지만 만나면 얼굴을 보자마자 칭찬을 해 준다. 아닌 걸 알면서도 절로 미소가 지어진다. '내가 아는 사람 중에 가장 멋있는', '목소리 좋은', '패션 센스가 뛰어난' 등 평범하지만 정감 가는 형용사로 늘 칭찬을 해 준다. 선배는 고액 자산가들과 주로 교류하면서 그들의 행동을 몸소 실천해 부자의 반열에 한 걸음씩 다가서고 있다.

보이지 않는 부분을 보려는 습관은 세 가지 관점에서 도드라진다.

첫째, 사람과의 관계에서 드러난다.

사람을 만나고 대화를 할 때도 보이지 않는 부분을 보는 노력이 필요하다. 팀을 위해 허드렛일을 마다하지 않았던 신입 사원에게, 늘 깨끗하게 화장실 청소를 해 주는 분들에게 감사함을 느끼려면 보이지 않게 나를 도와주는 사람이 누구인지 알아봐야 한다. 보이는 부분만 보려는 사람에게는 숨겨진 노력이 보이지 않는다.

숨은 공로까지 들여다보고 칭찬하고 다른 사람을 위해

희생하는 모습에 진정으로 고마워하면 나의 격은 저절로 높아진다. 부자들은 이 방식을 통해 스스로의 격을 높인다. 하지만 반대의 경우가 일반적이다. 보이는 부분만 중시하고 사람들 앞에서의 노력이 전부라 생각하며 사탕발림 같은 말만 좋아하면 격과는 점점 멀어진다.

둘째, 장기 계획을 실천할 때 드러난다.

단기 계획은 장기 계획보다 비교적 달성하기 쉬운 것이 사실이다. 특히 목표가 주어지거나 기간이 한정된 경우에는 달성이 훨씬 용이하다. 중간고사 시험, 체중 감량, 독서, 종잣돈 마련이 그 사례다.

하지만 부자로 살아가는 건 장기적인 문제이다. 무엇보다 계획과 평가를 스스로 해야 한다. 달성 기한이 없는 목표를 스스로 계획하고 평가하며 다시 달려나가는 걸 반복해야 한다. 그렇기에 보이지 않는 미래를 보려고 노력하는 습관이 무엇보다 중요하다. 내가 부자가 되었을 때의 모습, 주변 사람의 인정, 내가 누릴 수 있는 자유는 현재 가지지 않은 상태에서 상상할 수 있어야 한다.

셋째, 위기가 닥칠 때 드러난다.

위기는 잘 보이지 않는다. 위기는 기회와 위험의 합성어이다. 호황기에는 기회의 측면이 더 부각되고 불황기에는 위험의 측면이 부각된다. 호황기에는 위험을, 불황기에는 기회를 인지하지 못하도록 뉴스와 정보로 포장되어 혼란에 빠지기 쉽다. 보이지 않는 부분을 보려는 습관은 호황기에 위험하지 않은지 점검을 하게 만들고 불황기에는 쓰레기 더미에서 기회가 있지 않나 탐색을 하게 만든다.

부자의 습관을 내 것으로 만들기	
보이지 않는 부분을 먼저 보려고 하는 습관 시작 습관	칭찬하기

부자 혹은 성공한 사람들은 대부분 칭찬의 대가이다. 만나자마자 툭 던지는 한마디로 상대방을 기분 좋게 하며 함께하는 시간을 따뜻하게 만든다.

누구에게나 장점이 있다. 그 장점을 찾아내 실제에 근거한 칭찬을 하면 모든 만남을 내가 원하는 대로 풀어나갈 수 있다. 처음 만났을 때 경직된 표정으로 방어적인 자세를 취하거나 자신이 얼마나 비판적이고 비관적인 사람인지 보여주기보다 상대방을 위한 따뜻한 칭찬의 말 한마디를 해 보자. 생각보다 큰 효과를 가져올 것이다. 꼭 새로운 사람에게 해야 하는 것은 아니다. 가족에게 먼저 진심 어린 칭찬의 한마디를 해 보자.

4부 · 습관과 돈

집중 트레이닝 코스

📌 삶에서 보이지 않는 부분이 더 중요하다고 생각하는가? 나에게는 어떤 것이 있을까? (5개 이상 적어 보기)

_____

_____

_____

_____

_____

📌 보이지 않는 부분을 살펴 긍정적인 성취를 얻은 경험이 있는가?

_____

_____

_____

📌 가장 먼저 칭찬할 대상 세 명을 고르고 칭찬의 말을 적어서 전달해 보자.

_____

_____

_____

인생PT

6장

학습하는 습관

돈이 돈을 벌어오는 것으로 보여질 만큼 성공한 사람도 돈을 위해 많은 시간을 투자(할애)하는 분야가 있다. 그것은 바로 '학습'이다. 그들은 늘 무언가를 하고 기회를 모색하는 것이 습관화되어있다. 책이면 책, 사람이면 사람, 강의면 강의를 통해 언제든지 배우려고 한다.

부를 유지하는 데 학습하는 습관이 중요한 이유는 세 가지가 있다.

첫째, 겸손하는 자세를 가질 수 있다.

세계적으로 성공한 운동선수도, 엄청난 인기를 누렸던 유명 연예인도 한순간의 실수로 힘들어지는 경우를 종종 볼 수 있다. 주변을 보더라도 '어렸을 때 잘살았던' 이야기를 하는 사람도 많다. 이들의 공통점은 무엇일까? '자만심'이다. 환경과 상황, 조건이 변한 것을 고려하지 않고 이전에 성공했던 경험만으로 동일하게 행동한다.

하지만 완벽하게 같은 조건은 있을 수 없다. 사람은 늘 새로운 환경에 놓인다. 이때 중요한 것이 바로 '겸손'이다. 겸손은 저절로 생기지 않는다. 주변에 나보다 나은 사람, 배울 사람이 존재해야 비로소 생겨나는 마음이다. 인간관계도 좋은 사람으로 채우려는 노력을 게을리하면 부정적인 사람이나 비윤리적인 사람으로 형성될 가능성이 높다.

부자들은 늘 자신보다 더 나은 사람을 찾으려고 한다. 되도록 내 주변에 나보다 더 나은 사람이 많아지도록 애쓰고, 하나라도 더 배우려고 노력한다. 평소에도 늘 배우려고 노력하는 자세 덕분에 자연스레 겸손함이 몸에 배인다.

둘째, 성장할 수 있다.

사회는 빠르게 변했고 앞으로도 빠르게 변할 것이다. 변하는 속도에 맞춰 나도 성장해야 한다. 20~30대에는 변화를 주도하지만 40~50대가 되면 조금씩 뒤처지고 60대 이상이 되면 변화에 적응하지 못하는 경우가 대부분이다. 하지만 늘 학습하는 습관이 있는 사람은 다르다. 새로운 기기를 사용하는 것도, 새로운 프로그램을 사용하는 것도 당연한 일이다. 늘 그래왔기 때문이다. 부자라고 혹은 나이 들었다고 저절로 이뤄지는 것은 없다. 내 손으로 스스로 일궈 온 부처럼 인생도 마찬가지다.

셋째, 더 큰 영향력을 가질 수 있다.

학습하는 습관은 어느 수준을 넘어서면 다른 사람에게까지 긍정적인 영향을 줄 수 있다. 어려운 수학 문제를 옆자리 친구에게 가르쳐 준 경험이 있다면 이해가 쉬울 것이다. 이는 친구에게만 도움이 되는 것이 아니다. 자신도 설명하는 과정을 통해 지식을 체계적이고 명확히 정리할 수 있다.

사소한 경험이 반복될수록 나 자신도 성장하고 다른 사람에 대한 영향력도 커진다. 부자나 성공한 기업가들이 자신의 경험을 주위 사람들과 공유하는 것도 똑같은 맥락이다. 최근에는 유튜브를 통해 자신의 성공 경험을 나누는 이가 많다. 이처럼 나누는 과정을 통해서 '선한 영향력'을 행사하고 이를 반복하면 그전에 해 왔던 모든 것이 더 단단해진다. 그 출발점은 바로 '학습하는 습관'이다.

부자의 습관을 내 것으로 만들기	
학습하는 습관 시작 습관	자기계발에 투자(소득의 10%)하기

4차 산업혁명은 빠르게 이뤄지고 있다. 이전의 산업혁명을 역사적 사실로 배웠다면 4차 산업혁명은 직접 겪으며 적응해야 한다. 사람이 아닌 AI(인공지능)가 할 수 있는 일은 빠르게 대체되고 있으며 메타버스metaverse를 비롯해 가상현실과 관련한 산업은 하루가 다르게 발전하고 있다. 적응하는 종만 살아남았다는 진화론이 현실로 다가온 것이다. 배우는 습관은 부자가 되기 위해서일 뿐만 아니라 빠른 환경 변화에 대응하기 위해서라도 필수적이다.

막상 실천하자니 책값이 아깝고 강의 비용이 아까울 수 있다. 이때는 소득의 10%를 자기계발비로 할당하자. 경제와 투자 분야를 공부하면 좋지만 굳이 그럴 필요는 없다. 어릴 때 배우지 못했던 피아노 같은 취미여도 좋다. 은퇴 후에 하고 싶은 취미도 좋다. 중요한 건 소득의 일정 부분을 미래의 나에게 투자한다는 것이다.

소득이 늘어나면 자연스럽게 더 높은 차원의 자기계발로 이어진다. 자기계발을 하며 본인만의 답을 찾은 사람은 성공한 사람의 경험을 배우기 위해 100만 원이 넘고 1천만 원이 넘는 강의도 찾아서 듣는다. 투자한만큼 빠르게 변하는 환경에 적응하는 시간도 줄어들 수 있다. 이 과정을 반복하면서 자신을 발전시켜 나가자.

집중 트레이닝 코스

📌 현재 배우고 싶은 분야는 무엇인가?
   ex) 재테크, 주식, 부동산, 경매, 목소리, 창업, 취미 등

_____

_____

_____

📌 소득의 몇 퍼센트를 자기계발에 할애할 것인가?

_____

_____

_____

📌 자기계발 1년 계획을 세워 보자.

_____

_____

_____

7장
선택하는
습관

우리는 늘 선택을 한다. 식사 메뉴를 선택하는 간단한 문제부터 대학이나 회사는 어디를 선택할 것인가처럼 매순간이 선택이다. 그리고 '선택하지 않는 것'도 선택이 된다. 부자는 '선택을 하지 않는 선택'보다 '자신의 의지로 선택한 결정'이 많은 사람들이다. 오늘날의 사회는 편리와 효율이라는 명목으로 선택 자체를 안 하게끔 하지만 돈에서 선택은 굉장히 중요한 필수 요소이다. 좋은 선택을 하는 습관이란 평소에 흔히 하는 가볍고 일상적인 선택부터 의미를 두고 잘하려고 노력하는 것이다. 좋은 선택을 하는 습관을 연습하면 다음의 세 가지 장점을 얻을 수 있다.

첫째, 더 중요한 선택의 순간에 덜 고민하게 된다.

인생에서 일어나는 선택의 무게는 결코 똑같지 않다. 어떤 선택은 가볍고 일상적이지만, 어떤 선택은 인생을 좌우하는 결정적인 계기가 된다. 모든 선택은 마치 퍼즐처럼 연결되어 있다. 중요한 선택만 잘한다고 해서 좋은 인생을 살 수 있을까? 아니다. 그렇기에 일상적이고 가벼운 순간에 충실한 사람일수록 중요한 순간에 더 잘 대처할 수 있다.

대학 선택을 예로 들어 보자. 대학을 선택하기 전 어느 학원을 다닐지, 문과와 이과 중 어디를 고를지, 기말고사 공부를 언제 시작할지, 아침에 10분을 더 잘지 등 사소한 선택에 여러 번 직면했을 것이다. 그때 내렸던 사소한 선택이 모여 이후의 큰 선택에 영향을 미친다. 그렇기에 작은 선택에 최선을 다해야 한다.

또한 문제를 회피함으로써 발생하는 '선택하지 않는' 선택은 무조건 피해야 한다. 선택은 생각보다 에너지와 스트레스를 요구하는 고도의 활동이다. 선택을 최대한 미루고 미루는 것은 인간의 자연스러운 본능이다. 시험 공부를 미루고 미루다가 전날 벼락치기를 해 시험을 망친다든지, 여행 가는 날까지 예약을 미루다가 울며 겨자먹기 식으로 더 높은 비용을 결제한 경우 등은 누구나 한 번쯤 있을 것이다. 이 또한 결국 선택이 되어 내 삶에 영향을 미친다.

둘째, 불필요한 시간을 줄일 수 있다.

하루 24시간은 누구에게나 똑같이 주어진다. 선택의 문제도 마찬가지다. 모든 사람에게 같은 영향을 미친다. 선택해야 한다는 사실을 알기 전과 선택한 후의 시간은 모두에게 동일하지만 선택해야 한다는 사실을 알게 된 순간부터 선택에 이르는 시간은 사람마다 다르다. 인생의 관건은 이 시간을 얼마나 줄이냐에 있다.

우리는 잘 모르는 문제에 부딪히거나 심지어 모른다는 사실마저도 모를 때가 있다. 이럴 때는 도저히 무엇을 선택해야 할지 결정할 수 없다. 하지만 선택의 시간은 정해져 있고 마지막 순간에 이르면 결국 시간에 쫓겨 아무 선택이나 하고 만다. 이런 선택이 반복된다면 우리의 인생은 어떻게 될까?

잘못된 선택이 쌓이는 것도 문제지만, 그 과정에서 시간을 허비한다는 점이야말로 인생의 큰 낭비다. 평소에 좋은 선택을 하려고 노력한다면 허비하는 시간을 줄이고 그 시간을 의미 있게 사용할 수 있을 것이다.

셋째, 자존감이 높아진다.

현재의 내 모습과 위치는 내가 한 선택의 총합이다. 모든 사람이 그렇다. 부자들의 현재 모습과 위치도 마찬가지다. 그들은 자신의 선택으로 원하는 삶을 살고 있기에 본인의 능력을 믿는다. 이는 더 나은 선택으로 연결된다. 선택을 하는 데까지 걸리는 시간은 점점 짧아지고, 확고한 믿음으로 선택하게 된다. 이는 선순환되어 자존감을 높이는 결과로 자연스럽게 이어진다.

부자의 습관을 내 것으로 만들기	
선택하는 습관 시작 습관	작은 선택하기

생각보다 선택을 어려워하는 사람들이 많다. 점심 메뉴를 고르는 사소한 선택뿐만 아니라 투자할 주식 종목이나 부동산을 고르는 복잡한 선택까지 많은 사람이 선택하는 것을 어려워한다. 선택에 따른 결과 부담을 회피하고 싶은 마음도 있지만 정보가 너무 많은 이유도 있다. 알고리즘 때문에 선택하지도 않은 유튜브 영상을 보는 것처럼 세상은 선택하지 않는 걸 당연하게 만든다. 하지만 인생을 바꿀 고차원적인 욕구와 관련한, 가령 부동산에 투자하거나 마음에

맞는 배우자를 선택하는 문제는 누가 대신해 줄 수 없다. 오롯이 나의 선택으로 결과가 결정된다.

큰 선택을 하는 시점은 자주 오지 않는다. 하지만 그 시기가 찾아왔을 때 제대로 된 선택을 할 수 있으려면 평소에 작은 선택을 잘해야 한다. 음식 메뉴도 그렇다. 평일 저녁에 무엇을 할 것인지 주말에는 어떻게 놀지 정하는 것도 그렇다. 작은 선택을 잘할수록 큰 선택도 잘하게 된다.

'오늘 점심 뭐 먹지?' 하고 묻는 동료나 연인의 질문에 '아무거나'라고 대답하지 말고 의도적으로라도 선택을 해 보자. 사소한 선택이 모여 당신을 부자로 만들어 줄 것이다.

집중 트레이닝 코스

📌 난 선택을 두려워하는 사람인가 아니면 두려워하지 않는 사람인가?

_____

_____

_____

📌 내가 선택을 두려워하는 이유는 무엇일까?

_____

_____

_____

📌 오늘 내가 해야 할 작은 선택 세 가지를 정해 보자.

_____

_____

_____

4부 · 습관과 독

8장
먼저 행동하는 습관

 일곱 가지 습관 중 가장 중요한 것이 바로 '행동'이다. 수많은 지식이나 지혜도, 그리고 공들여 세운 계획도 행동하지 않으면 아무런 의미가 없다. 공부, 학력, 태도, 노력, 운 등 중요한 것은 많지만 명확하게 부자와 부자가 아닌 사람을 가르는 기준은 아니다. 학력이 좋지 않은 부자도 있고 운이 좋았던 부자도 있다. 하지만 행동하지 않은 부자는 절대 없다.

 행동을 먼저 한다고 계획이 중요하지 않다는 의미가 아니다. '계획→행동→피드백'으로 수행하는 기본 골자는 똑같지만 계획과 행동이 거의 동시에 일어나거나 간혹 '행동

→계획' 순으로 역전되는 경우도 있다는 의미다.

먼저 행동하는 습관에는 세 가지 장점이 있다.

첫째, 실천적인 계획에 집중할 수 있다.

계획이 중요한 건 사실이지만 너무 거창하거나 세세한 계획은 오히려 실천하는 데 부담이 된다. 세세하게 계획을 세울수록 시간은 더 많이 소요된다. 하지만 행동에 초점을 맞춰 빠르게 실천하는 것을 염두에 두면 불필요한 계획은 최소화되고 실천적인 계획에 집중하게 된다.

둘째, 비판과 변명보다 방법을 찾을 수 있다.

계획에 시간을 많이 할애하다 보면 부정적인 생각을 많이 하게 된다. '과연 내가 할 수 있을까?', '지금 하는 것이 맞을까?' 같은 생각이 머릿속을 지배하면 이를 정당화하려고 한다. 하지만 불완전한 계획이더라도 먼저 실행하면서 고민을 하다 보면 방법을 찾는데 시간을 쓴다. 주변에 먼저 성공한 사람은 없는지, 실행하면서 생긴 문제점은 어떻게 보완할지 방법을 찾는다.

셋째, 피드백을 빠르게 할 수 있다.

피드백은 계획과 행동을 평가하고 수정하는 데 매우 중

요한 역할을 한다. 하지만 계획을 세우고 행동하는 데까지 시간이 오래 소요되면 피드백은 무용지물이 된다. 무엇을 어떻게 수정해야 하고 조절해야 하는지 알 수 없게 된다.

앞서 언급했듯이 인생은 연결되어 있다. 작은 계획에 피드백을 했으나 수정하지 못했다면 큰 계획에도 영향을 미친다. 먼저 행동하는 습관을 통해 문제점과 보완해야 할 점을 빠르게 파악해 피드백하면 바로 적용할 수 있다. '계획→행동→피드백'으로 이뤄질 일이 똑같은 시간을 들이더라도 '계획 1→행동 1→피드백→계획 2→행동 2→피드백'이 될 수 있다.

부자의 습관을 내 것으로 만들기	
먼저 행동하는 습관 시작 습관	3/3/3

행동하는 습관을 시스템화하려면 머리에서 손발까지 가는 시간을 단축해야 한다. 생각이 많아지면 용기가 사라진다는 말이 있다. 너무 깊이 생각하지 말고 빠르고 과감하게 결정하라는 뜻이다. 머리로는 이 말을 이해한다고 해도 역시 성급하게 결정했다가 일을 그르치지는 않을까 하는 걱정을 지우기란 쉽지 않다. 하지만 자신만의 기준을 만들면

간단히 해결된다. 예를 들어 어떤 일을 할지 말지 고민될 때 '3초 고민하고 3번 생각하고 3회는 그냥 실시해 본다'는 기준을 정하는 것이다. 단순해 보이지만 실행력을 높이는 명쾌한 방법이다. 큰 결정이라면 적용하기 어렵겠지만 작은 결정은 대부분 해결된다. 미루다 늦어서 문제가 되는 경우는 있어도 먼저 해서 문제가 되는 경우는 거의 없다.

행동이 느린 것을 신중함으로 포장하지 말자. 새벽에 첫차를 타도 나보다 먼저 탄 사람은 늘 있다.

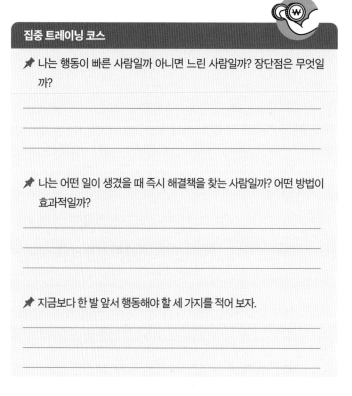

집중 트레이닝 코스

📌 나는 행동이 빠른 사람일까 아니면 느린 사람일까? 장단점은 무엇일까?

_____

_____

_____

📌 나는 어떤 일이 생겼을 때 즉시 해결책을 찾는 사람일까? 어떤 방법이 효과적일까?

_____

_____

_____

📌 지금보다 한 발 앞서 행동해야 할 세 가지를 적어 보자.

_____

_____

_____

9장
습관, 부자의 그릇을 키우는 도구

부자로 살아가기 위한 부자들의 일곱 가지 습관을 살펴봤
다. 부자로 살아가기 위한 습관으로 표현했지만 이 습관들
은 부자가 되기 위한 습관이기도 하다. 우리를 가장 잘 보여
주는 것은 과거도 아니고 미래도 아니다. 하물며 입고 있는
옷이나 학력, 직장도 아니다. 바로 현재의 모습이다. 지금 내
가 하는 행동이 곧 나이다.

부자로 영원히 살아가기 위해서 돈보다는 행동에 집중
해야 하는 이유가 여기에 있다. 우리는 행동을 통해 어떤 존
재로 만들어진다. 반복되는 행동을 통해 습관이 생기고, 좋

은 습관이 쌓일수록 점점 더 부자의 삶에 다가가게 된다.

사람은 대부분 3~4kg의 몸무게로 태어나 초등학교와
중·고등학교를 거치는 비슷한 성장 과정을 겪는다. 대학교
때부터 조금씩 차이가 나기 시작하지만 직장인이 된다고 해
도, 하물며 결혼을 해도 그 차이가 결정적이지는 않다. 지하
철과 버스를 타고 다니면서 출퇴근을 하는 직장인이 비슷하
게 살아가고, 같은 지역에 사는 사람들이 대부분 비슷한 생
활 수준으로 살아가듯 결정적인 차이는 아직 발생하지 않는
다. 정규직 근무로 여러 개의 회사를 동시에 다닐 수 없고,
여러 채의 집에 동시에 살 수 없으며 여러 대의 차를 동시에
몰 수 없는 것처럼 직장을 다니고 집이 한 채 있는 단계까지
는 비슷하다.

30대까지는 부모를 잘 만났거나 좋은 대학을 나왔거나
대기업을 다니는 것은 큰 차이를 가져오지 않는다. 하지만
40대부터는 다르다. 과거가 아니라 스스로 만들고 선택해
움직인다. 앞서 설명한 일곱 가지 기본 습관을 바탕으로 내
가 시간을 어떻게 보내는지, 주로 무엇을 하는지, 누구와 만
나는지에 따라 미래가 변한다. 그런데, 40대에 접어들면서
본격적인 차이가 발생한다.

우리의 미래는 생각보다 급변하지 않는다. 4차 산업혁

명처럼 시대가 급변해도 우리의 미래는 오롯이 우리의 선택과 행동으로 변한다. 특히 가장 강력한 것이 '습관'이다. 장기로 투자해야 복리의 효과를 톡톡히 누릴 수 있는 것처럼 습관의 복리가 본격적으로 작동하는 시점이 40대이다.

20대부터 절약을 하고 종잣돈을 모으며 투자 관련 공부를 하는 습관이 배어 있다면 그 효과는 서른 중반 이전에 나타날 확률이 높다. 30대부터 했다면 40대에 본격적으로 효과가 나타날 것이다. 물론 40대에 시작해도 되고 50대에 시작해도 된다. 하지만 바로 결과가 나오는 것이 아니라 적어도 10년 이상은 걸린다는 걸 명심해야 한다.

부자의 그릇을 키워 나가는 과정은 고통스럽다. 습관에 의해 이뤄지기 때문에 잘 드러나지 않고 힘들 수 있다. 하지만 그릇을 두들기고 다시 굽는 과정을 통해 키워 나가는 것처럼 몸에 밴 좋은 습관이 내 그릇을 부자의 그릇으로 만들어 준다. 한 번 커진 그릇은 웬만한 물건을 담을 수 있는 넉넉함까지 갖추게 된다. 좋은 습관을 익히면 부자가 되지 않더라도 좋은 사람은 될 수 있다. 그러니 지속적으로 좋은 습관을 만드는 활동을 실시하자. 그 과정을 반복하면 자연히 내 그릇은 커지고 그만큼 부자의 삶에 가까워질 것이다.

습관을 만드는 것은 쉽지 않을 수 있다. 만약 구체적으로 어떤 습관을 만들지 생각나지 않는다면 '하지 않는 습관'을 먼저 고민해 보자. 습관은 두 가지 존재한다. 어떤 것을 꾸준히 하는 습관과 어떤 것을 꾸준히 하지 않는 습관이다. 공부를 하지 않는 습관이나 운동을 하지 않는 습관처럼 '내가 무엇을 하지 않지?'하고 생각해보자. 예상외로 하지 않는 습관이 많다는 사실을 깨달을 수 있을 것이다.

집중 트레이닝 코스

📌 습관은 부자의 그릇이다. 그렇다면 나는 내 그릇을 더 키우고 싶은가 아니면 더 단단하게 하고 싶은가?

_____

_____

_____

📌 일곱 가지 습관 중 가장 먼저 익히고 싶은 습관은 무엇인가? 그 이유는 무엇인가?

_____

_____

_____

📌 어떤 습관을 더 강하게 만들고 싶은가? 그 습관이 필요한 사람에게 멘토가 되어 보자.

_____

_____

_____

5부
공부와 돈

내가 잘 아는 분야에서 돈을 벌어야 한다. 모르는 분야에서 돈을 버는 것은 영원히 내 것이 되지 않는다. 어떤 분야에 대해 잘 알기 위한 방법은 단 한 가지뿐이다. 공부하는 것이다. 자본시장에서 살아남아 부자가 되려면 반드시 공부를 해야 한다.

1장

돈 공부가
필수인 시대

"문맹은 생활을 불편하게 하지만, 금융 문맹은 생존을 불가
능하게 한다."

미국 연방준비제도의 의장이었던 앨런 그린스펀Alan
Greenspan의 말이다. 우리는 자본시장 속에서 살고 있다. 돈이
라는 거래 수단으로 재화를 구매하거나 서비스를 이용한다.
대기업 회장부터 강원도 산골짜기에 사는 순수한 아이까지
누구에게도 예외 없이 공평하게 적용된다.

그렇다면 우리 사회는 공평한가?

공평하지 않은 게
당연하다고 인정하는 것이
출발점

결론부터 이야기하자면 공평하지 않다. 돈은 중력과 같아서 모든 사람에게 동일하게 영향을 미치지만 결과는 다르다. 누군가에게는 모래주머니를 맨 것처럼 힘들고 누군가에게는 날개가 달린 것처럼 가볍고 경쾌하다. 이 차이를 인정하는 것이 중요하다.

우리가 살고 있는 사회를 고등학교의 한 학급이라고 한다면 1등부터 40등까지 순위가 있는 게 당연하고 사회를 회사라고 한다면 사장부터 신입사원까지 있는 것이 당연하다. 우리는 어릴 때부터 차이가 있다는 걸 알고 그 속에서 생활한다. 하지만 어느 순간부터 다 공평해야 한다고 생각하게 된다. 공평해야 한다고 생각하니 '부모 탓'이나 '환경 탓'을 하고 다른 사람의 노력을 깎아 내린다. 심지어 부자들을 대머리에 탐욕스럽고 악독한 존재라고 생각하는 경지에 이른다.

공평해야 한다는 시각을 깨야 한다. 이 세상은 절대 공평할 수 없다. 내가 부자가 되려면 공평하지 않은 것이 더 좋다. 부자가 됐는데 가난할 때와 똑같이 일한다면 더 억울하지 않겠는가. 모두가 정해진 시간만큼 일하고 정해진 양만큼 분배받는다고 해도 우리 사회는 공평해지지 않는다.

관계와 태도, 습관도 부자가 되는데 정말 중요하지만 기본 요건일 뿐이다. 부자의 삶은 공부로 완성된다. 기본 요건을 갖추고 공부로 연결시킨 사람만이 부자가 될 수 있고 나아가 꾸준히 성장한다. 이 원리를 이해한 소수만이 공평하지 않은 세상에서 유리한 고지를 선점할 수 있다.

달리기를 생각해 보자. 같은 선에서 출발하더라도 일정한 시간이 지나 위치를 측정해 보면 저마다 다른 곳에 위치한다. 트랙이 깔려 있지 않은 인생은 어떤 방향으로든 갈 수 있어 완전히 다른 곳에 위치할 수도 있다. 같은 반에서 같은 선생님에게 배웠어도 성적이 다르고 같은 회사에 동기로 입사했어도 시간이 지나면 연봉이 다르다. 열심히 한 사람이 더 좋은 위치에 있게 된다. 돈 공부도 마찬가지다. 돈 공부의 중요성을 알고 공부한 사람과 그렇지 않은 사람 사이에는 반드시 차이가 생긴다. 나중에는 돌이킬 수 없을 정도로 차이가 벌어진다. 공평하지 않은 상황이 되는 것이다.

주말마다 경제와 투자 등 돈 공부를 하며 노력한 사람과 그렇지 않은 사람 사이에는 당연히 성취의 차이가 생길 것이다. 무조건 공부만 하고 살 수 없고 늘 노력만 할 수 없지만 공평하지 않은 인생에서 앞서가기 위해서는 공부가 필요하다. 그 시점은 빠르면 빠를수록 좋다.

어릴 때 잠을 많이 잤다면 나이 들어서 적게 잘 수밖에 없고 젊어서 공부를 덜 했다면 나이 들어서 공부를 많이 할 수밖에 없다. 젊어서 고생을 경험하지 않으면 나이 들어서 고생을 경험할 확률이 높은 건 인생의 자명한 이치다. 그렇다면 돈도 일찌감치 버는 게 좋지 않을까? 온갖 고생을 경험하고 산전수전 겪은 70대에 부자가 되는 것보다 젊고 건강한 40대에 부자가 되는 것이 훨씬 행복하지 않을까?

지금보다 더 부자가 되고 싶지 않은 사람도 있다. 지금의 수준으로 사는 것에 만족하며 치열하게 살고 싶지 않다고 이야기한다. 이들 중 대다수는 정해진 시간만큼 근무하고 급여를 받는 직장인이다. 하지만 생각해 보자. 지금의 상황이 영원히 지속될 수 있을까? 금융 환경은 물론 코로나19와 같은 질병이나 미국의 허리케인 같은 자연환경의 영향을 무시할 수 없다. 내가 병에 걸리거나 가족 문제로 갑자기 타격을 받을 수도 있다. 경제를 비롯해 우리를 둘러싸고 있는 환경은 늘 불확실하다. 불확실한 환경에 대비하기 위해서라도 부자가 되고 싶지 않은 사람 역시 공부를 해야만 한다.

잠자는 순간에도 인플레이션만큼 내 자산은 줄어들고 있다

확실하게 설명할 수 있는 개념이 물가 상승을 의미하는 인플레이션이다. 이는 다양한 원인으로 발생한다. 크게 수요 측면과 공급 측면으로 나누어 볼 수 있다. 한정된 재화를 사고 싶은 사람이 많을 경우 발생하는 '수요 견인 인플레이션'과 사고 싶은 사람은 한정됐는데 공급되는 물량이 적을 경우 발생하는 '공급 부족 인플레이션'이다. 수요와 공급이 원인이 아니더라도 인플레이션이 발생하는 경우도 있는데 바로 사회의 전체 통화량이 증가해 발생하는 경우다.

대중교통이나 음식 값 등은 모두 오르지만 두 가지는 오르지 않는다. 바로 월급과 은행의 예금 금리이다. 은행 예금은 금리만큼 상승하기는 해도 금리가 실물 경제와 연결되어 있어 물가상승률을 상회하는 만큼 이익을 내기가 힘들다. 그렇기 때문에 은행에 예금이나 적금을 이용하는 방법을 투자와 구분해 '저축'이라고 표현한다.

2021년 연간 소비자물가지수는 전년대비 2.5%이다. 이 물가 상승이 계속 이어진다면 은행 잔고에 있는 내 100만 원은 10년 후 77만 원, 20년 후 60만 원이 된다. 손해 본 23만

원과 40만 원은 대체 어디로 간 것일까?

증발한 손해는 잡을 수도 없고 막을 수도 없다. 누구를 탓할 수도 없다. 공부를 선택하지 않은 자신의 문제이다. 선택과 관계없이 결과는 달라질 수 있다. 금리가 낮아진 원인도 있지만 경제가 그만큼 복잡해진 탓도 있다. 앞으로도 이 상황은 계속 이어질 것이다. 내가 선택하지 않은 결과로 고통받지 않기 위해 어떤 선택을 해야 할지는 나에게 달려 있다.

집중 트레이닝 코스

📌 지금의 나를 만든 과거의 내 긍정적인 모습은 무엇일까?

_____

_____

_____

📌 지금의 나를 만든 과거의 내 부정적인 모습은 무엇일까?

_____

_____

_____

📌 1년 뒤의 나는 어떤 모습으로 변화하길 원하는가? 그렇다면 지금 무엇
을 시작해야 할까?

_____

_____

_____

2장
반드시 알아야 할
돈 공부의 원리

부동산과 주식을 공부하는 것은 중요하다. 하지만 아직 종잣돈도 준비되지 않았고 어떻게 시작해야 할지 막연한 경우 먼저 공부해야 하는 것이 있다. 바로 '세상이 돌아가는 원리'이다.

경제는 한 국가 안에서 유기체처럼 모든 것이 맞물려 돌아간다. 이는 작게는 한 가정 내에서, 크게는 글로벌이라는 경계 안에서도 마찬가지이다. 그렇기에 한 시스템 내에서 발생하는 원리를 이해해야 주식과 부동산도 공부할 수 있다. 재테크에 관심이 없는 사람도 반드시 해야 한다. 태어난 이상 세상의 구성원으로서 살아가는 건 동일하다.

　돈 공부 방법은 여러 가지가 있다. 온·오프라인 강의뿐만 아니라 양질의 유튜브 콘텐츠에도 쉽게 접근할 수 있다. 책과 블로그도 있다. 하지만 어떤 방법을 택하든 반드시 돈과 관련한 세상의 원리를 이해하는 것이 선행되어야 한다. 금융 문맹이 되지 않기 위한 최소한의 방법이다.

반드시 알아야 하는 기초

　돈 공부를 할 때 반드시 알아야 하는 기초 원리는 세 가지이다.

　첫째, 금리와 통화량이다.

　금리는 각국의 중앙은행이 경제를 조절하는 수단으로 쓰는 일종의 무기이다. 한 국가 내의 주체인 가계, 기업, 정부는 나라의 금리 하에서 경제 활동을 영위해 나간다. 금리의 영향을 받아 실질적으로 조절되는 건 통화량이다. 통화량이 경제 곳곳에 흘러들어 가격 상승과 하락을 가져온다.

둘째, 세계 경제의 흐름은 미국에서 시작된다는 사실이다.

많은 이들이 현재 경제의 중심은 미국이라고 말한다. 그리고 향후 100년 간은 유효할 것이란 전망이 지배적이다. 군사력과 경제력이 아니라도 유가를 비롯해 철광석, 구리 같은 자원이나 밀가루, 대두 같은 곡물 자원 모두 달러로 거래된다. 달러의 기축통화 역할 때문에 불확실성이 높아지면 달러로 돈이 몰린다. 이는 기축통화 역할을 하는 새로운 통화가 출현할 때까지 이어질 것이다. 미국의 경제정책과 통화정책 방향은 우리나라에 큰 영향을 미치기에 반드시 알아야 한다.

셋째, 수출과 환율(특히 원/달러 환율)의 관계이다.

우리나라는 수출이 중요한 나라이다. 인삼과 고려 청자는 물론 BTS를 비롯한 K-POP이나 삼성전자의 휴대폰도 국내보다는 해외에서 훨씬 더 많은 매출이 일어난다. 수출에 크게 영향을 미치는 것이 환율이다. 우리나라는 1997년 IMF 위기나 2008년 금융 위기 때 악화된 환율로 경제가 급격히 수축한 적이 있다. 수출과 환율의 관계를 이해하고 있어야 향후 발생할 수 있는 경제 위기를 현명하게 대처할 수 있다.

금리와 통화량

모든 나라에는 중앙은행이 존재한다. 한 국가를 규정 짓는 데는 영토 같은 물리적인 기준도 있지만 화폐라는 거래 수단도 있다. 우리나라는 원화를, 미국은 달러를, 영국은 파운드를, 일본은 엔화를 사용한다. 화폐의 발행과 유통을 각 국의 중앙은행이 담당한다.

중앙은행은 기준 금리를 통해 한 국가 내에서 순환하는 돈의 흐름을 조절한다. 중앙은행이 기준 금리를 올리면 시중 은행의 예금 금리와 대출 금리가 일제히 반응해 조절된다. 즉 금리를 통해 한 국가의 유통되는 자금의 규모가 변화된다.

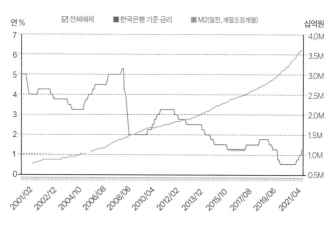

금리와 통화량(한국은행 경제통계시스템)

금리의 변화로 다양한 경제 환경이 변하지만 그중 핵심은 '통화량'이다. 경기 흐름이 '불황-회복-호황-후퇴'의 사이클을 탈 때마다 항상 함께하는 지표이다.

이해하기 쉽도록 수영장을 예로 들어 보자. 수영장의 수위를 조절하는 관리 요원이 중앙은행이다. 수영장은 모든 사람이 골고루 재밌게 놀 수 있도록 적정 수위를 유지하는 것이 중요하다. 하지만 갑자기 수위가 낮아지거나(불황) 갑자기 수위가 높아지면(호황) 수위를 조절해 주는 활동을 해야 한다. 통화량이 이 수위를 조절해 주는 역할을 한다.

불황이 오면 통화량을 늘리고 호황이 오면 통화량을 줄여 가계 및 기업, 정부가 골고루 경제 활동을 영위할 수 있도록 조절한다.

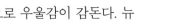

경기 불황

경기 불황이 오면 실업자 수가 늘어나는 것은 물론 파산하는 기업도 많아져 경제 전반적으로 우울감이 감돈다. 뉴스 또한 온통 부정적인 내용으로 넘쳐난다. 경기 불황은 갑자기 발생하는 게 아니다. 꽤 오랜 시간에 걸쳐 점진적으로 발생한다.

중앙은행은 경기가 불황인 시기를 전후해 금리를 인하하는 정책을 펼친다. 불황의 경중에 따라서 금리 인하의 폭과 횟수는 다를 수 있지만 금리를 인하해 시장에 통화량을 공급함으로써 최대한 많은 참여자가 경제 활동을 영위할 수 있도록 돕는다.

구체적으로 살펴보면 다음과 같은 원리이다. 우리나라 중앙은행인 한국은행이 금리를 인하하면 시중 은행들이 예금 금리와 대출 금리를 차례로 인하한다. 예금 금리가 낮아지면 투자자는 적금이나 예금보다는 더욱 높은 수익률을 낼 수 있는 투자처를 모색한다. 낮아진 금리로 대출금에 대한 부담감이 줄어들고 돈이 필요한 가계와 기업은 더욱 낮은 금리로 대출을 받을 수 있게 된다.

기준 금리 인하 효과

늘어난 통화량으로 각 경제 주체가 예전 상태로 회복되면 중앙은행은 금리를 적정한 수준으로 천천히 회복시킨다.

경기 호황
불황에서 서서히 풀렸던 통화량은 경제를 정상으로 되

돌려 놓는 역할도 하지만 한편으로는 물가 상승을 야기하기도 한다. 그리고 호황기가 되면 과열 양상이 치달으면서 대출 규모가 늘어나고 주식과 부동산 가격 상승이 발생해 무분별한 투자가 확산된다. 호황을 판단하는 기준은 다를 수 있어 시차는 존재하겠지만 시장을 최대한 방어하기 위해 중앙은행은 금리 인상을 결정한다. 금리 인상으로 시장의 과열을 막고 투자자의 피해가 최소화되도록 하기 위한 조치다.

중앙은행이 금리를 인상하면 시중 은행도 연이어 예금 금리와 대출 금리를 인상한다. 금리 인하와 달리 금리 인상은 조금 더 즉각적으로 이루어지는 경향이 있다. 높아진 예금 금리로 투자자는 더욱 안정적인 적금이나 예금의 비중을 늘리고 높아진 대출 금리로 기업은 대출을 통해 신규 투자를 감행하는 걸 보류하고 조금 더 확실한 투자만 진행하게 된다.

기준 금리 인상 효과

일정 기간이 필요하지만 경제 주체 전체가 조금씩 조절

하면서 호황기의 높아졌던 수위가 다시 원상태로 돌아오게
되는 것이다.

세계의 중심인 미국 경제

너무 당연한 사실이지만 미국은 전 세계 국내총생산GDP
1위 국가이자 전 세계 주식시장 시가총액의 60%(2021년 12
월 기준)에 육박하는 경제 대국이다. 미국 기업인 애플의 시
가총액만 해도 우리나라 코스피 시가총액보다 높다. 최초로
IT 기술을 개발하고 상당수의 글로벌 스탠다드를 만든 것
도 미국이다. 이것만으로도 미국을 주목해야 하는 이유가
충분하지만 가장 강력한 이유는 '달러'이다.

미국을 일본이나 중국, 독일처럼 다른 국가 중 하나로
생각해서는 안 된다. 전 세계적으로 유통되는 석유, 철광석,

구리 등을 비롯한 천연 자원과 밀, 콩, 대두 같은 식품 자원도 모두 달러로 거래된다. 그렇기에 미국의 결정은 세계 경제에 직접적인 영향을 미친다.

미국이 세계 경제의 중심이라는 사실과 경제 변화의 첫 번째 도미노가 미국의 정책이라는 걸 인지해야 뉴스가 새롭게 보이기 시작한다. 미국 연방준비제도의 회의에 주목하고 뉴욕 월가의 자금 흐름을 체크하며 새로운 혁신 기업의 출현에 관심을 갖는 것은 글로벌 경제의 이해의 관점에서 당연히 해야 할 일이다.

수출과 환율(원/달러 환율)

2021년 10월 20일자 『연합뉴스』에 따르면 우리나라 국내총생산에서 무역의존도(무역이 차지하는 비중)는 2020년 기준으로 G20 국가 중 59.83%이다. 2011년과 2012년에는 80%를 넘어선 적도 있었다. 2020년 기준으로 다른 국가들과 비교해 보면 내수 규모가 큰 중국(31.56%)과 인도(24.72%)의 무역의존도가 낮게 나타났고 수출이 많은 독일이 67.03%로 우리나라보다 무역의존도가 더 높은 것으로 나타났다.

우리나라는 무역의존도가 높기 때문에 지속적으로 수출과 관련한 내용에 관심을 가져야 한다. 수출이 늘어나는 산업에서 취업 및 사업 등 다양한 기회가 만들어질 것이다. 또한 주식에 투자해서 돈을 벌 기회도 수출이 늘어나는 기업에서 발생할 것이다.

과거 인삼과 고려청자로 대표됐던 우리나라 무역의 특산품은 현재 휴대폰이나 2차전지 배터리 같은 제조업부터 BTS와 게임, 영화로 대표되는 K-Culture까지 광범위하고 다양하다. 또한 코로나 바이러스로 전 세계가 셧다운이 되는 등 마비 현상을 겪었지만 우리나라는 선제적인 조치로 경제가 멈춘 경우는 없었다. 이 때문에 공급이 부족했던 전 세계가 우리나라의 제품과 서비스를 더 요구하는 상황이 됐다.

출처: 산업통상자원부, 2022년 1월 1일 수출입과 보도자료

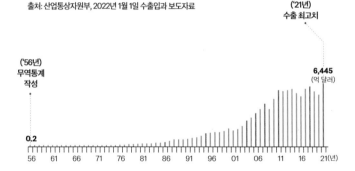

('56년)
무역통계
작성

('21년)
수출 최고치

0.2

6,445
(억 달러)

56 61 66 71 76 81 86 91 96 01 06 11 16 21(년)

'56년 이후 우리나라 연도별 수출 추이

2021년은 우리나라 수출의 새 역사를 쓴 한 해였다. 무역 집계를 하기 시작한 이래로 56년만에 6,445억 달러를 기

록하며 최고치를 기록했다. 코로나 바이러스로 글로벌 경제가 얼어붙은 상황에서 이룩한 쾌거이다. 코로나 때문에 우리나라 수출은 더 개선될 전망이며 이는 우리나라가 선진국으로 도약할 기회이기도 하다.

수출이 중요하기 때문에 환율, 특히 원/달러 환율의 움직임은 시장에서 매우 중요하다. 경제적으로 극심한 타격을 줬던 1997년 IMF 구제 금융 신청과 2008년 미국발 서브프라임 금융 위기 모두 결과값은 환율이었다. 원/달러 환율이 크게 두 배 가까이 올랐고 실물 경제 모두 타격을 입은 것이다.

매일 수출과 환율에 대한 금액을 찾아보고 변화를 관찰하며 공부하라는 의미가 아니다. 평소에 뉴스를 보면서 혹은 해외에서 물건을 사면서 자연스레 살펴보고 이를 투자와 연결해 생각하자.

금리와 통화량, 세계의 중심인 미국 경제, 수출과 환율에 대해 아는 것은 금융 문맹을 탈피하기 위한 재테크의 기본 원리이자 부자로 살아가기 위한 돈 공부의 출발점이다. 이해하기 어렵다면 신문의 1면이나 포털 사이트의 경제 및 금융 부분의 1페이지를 꾸준히 읽어 보자. 세 가지와 관련한 뉴스는 매일 메인에 보도된다. 꾸준히 관련 기사를 읽는 것만으로도 돈 공부는 이미 시작되었다고 할 수 있다.

집중 트레이닝 코스

📌 오늘 날짜의 금리와 통화량을 확인해 보자.

_____

_____

_____

📌 오늘 날짜의 금리와 통화량을 볼 때 우리나라의 경제 상황은 어떠한가?

_____

_____

_____

📌 오늘 날짜의 환율은 얼마인가? 무엇이 오늘의 환율에 영향을 줬는가?

_____

_____

_____

3장

무엇을 공부할 것인가?

투자를 공부하겠다는 결심을 한 후 가장 많이 드는 생각이 '무엇을 공부하면 될까?'일 것이다. 가장 쉽게 접근할 수 있는 것이 부동산과 주식이다. 물론 비트코인, 금, 달러 등 다양한 투자 자산이 있지만 가장 보편화된 것이 부동산과 주식 투자이다. 주변에서 쉽게 들을 수 있는 성공 사례도 많아 투자 초보자들에게 인기가 많다.

투자의 기본은
사이클

부동산과 주식 투자에는 공통점이 있다. 바로 일정한 주기를 가지고 순환한다는 점이다. 사람에게는 바이오리듬이 있고 회사에는 흥망성쇠가 있다. 프로야구 선수도 젊었을 때는 높은 활동력으로 두각을 나타내지만 40대까지 꾸준하게 뛰어난 성과를 유지하는 경우는 흔하지 않다. 1년 내내 열매만 맺는 나무도 없다. 경제도 마찬가지다. 자산별로 주기와 진폭이 다를뿐 '불황-회복-호황-후퇴'를 반복하는 건 똑같다.

순환을 하는 자산에 투자해야 하는 이유는 세 가지다.

첫째, 예측이 가능하기 때문이다.

순환을 한다는 것은 시기별로 특징을 구분할 수 있다는 의미다. 국면별로 평가 요소는 다를 수 있지만 '소문에 사서 뉴스에 팔아라'나 '증권사 객장에서 아기 울음소리가 들리면 그때가 고점이다'라는 이야기는 한 번씩 들어 본 경험이 있을 것이다. 이런 증시 격언은 사이클을 지칭하는 말이다. 증시 고점이 되면 주식 투자에 전혀 관심이 없을 사람도 주식 시장을 기웃거린다.

사람들이 부화뇌동하는 기본 심리가 사이클의 진짜 원인이다. 자본주의 역사는 얼마 되지 않았다. 인류가 출현한 500만 년 역사에 비해 자본주의는 15~16세기부터 현재까지 500년 남짓에 불과하다. 500만 년의 역사를 하루로 환산한다면 자본주의가 출현한 시간은 23시 59분 56초로 단 4초에 불과하다.

그렇다면 우리 행동에는 자본주의로 학습화된 규율과 지식보다는 본능으로 이끌리는 무의식적인 심리가 지배적으로 작용하지 않을까? 다수가 움직이는 심리를 알고 이를 데이터화해 사이클을 이해하면 현재 일어나는 상황을 더 잘 이해할 수 있고 나아가 같은 일이 반복되면 먼저 알아차려서 행동할 수 있다.

둘째, 학습이 가능하기 때문이다.

사이클은 일정한 주기를 갖는다. 국면마다 미세한 차이는 있을 수 있어도 큰 측면에서는 뚜렷한 특징을 보인다. 이를 잘 기록하면 과거의 사실과 비교해 검증할 수 있다. 이 과정이 여러 번 반복되면서 이론으로 정립된다.

부동산 시장의 사이클에서 정점에 다다른 뒤 하락이 시작되는 후퇴기의 특징을 보자. 매도 시장이 얼어붙으면서 거래량이 감소하고 공실률이 증가한다. 또한 매수자가 중시

되는 분위기로 전환된다. 여유 자금이 없어 금리가 상승하는 경향을 보이고 경기 과열에 따른 투기 억제 조치가 시행된다.

2021년 부동산 가격이 급등하면서 2022년 초 부동산에 대한 갑론을박이 벌어졌다. 순환 주기가 있는 자산은 학습을 통해 계발과 개선이 가능하다. 위에서 언급한 일정한 주기를 파악하면 현재 부동산과 주식이 어떤 상황인지 파악할 수 있다.

셋째, 교육이 가능하기 때문이다.

학습은 스스로 배우면서 익히는 것이라면 교육은 배움을 행동으로 실천한 후 성취한 결과를 나누는 행위이다. 교육은 내가 배운 이론으로 원하는 결과를 얻어 이를 다른 사람에게 전파시켜 제 2의 나, 제 3의 나를 만들 수 있다는 것을 의미한다. 이는 똑같이 공부하고 행동해 똑같은 결과를 만들 수 있다는 의미이다. 매우 중요한 사실이다. 타이밍이 좋아 일회성으로 성공하는 투자 방안 혹은 사이클이 없고 한 방향으로 움직이는 자산은 먼저 들어간 사람이 돈을 벌고 늦게 들어간 사람은 손해가 날 가능성이 높다. 대부분 다단계 투자가 그러하고 신도시 상가나 토지 투자가 그러하다.

투자하기 좋다고 판단되면 당연히 내가 배운 걸 내 주변 사람에게 권할 것이다. 하지만 그 과정과 결과, 특징을 주변 사람에게 제대로 설명하지 못하면 오히려 문제가 될 수 있다. 사이클이 있다는 것을 이해해 잘 설명하면 나뿐만 아니라 내 주변 사람도 부자로 만들어 줄 수 있을 것이다.

예측 가능성, 학습 가능성, 교육 가능성을 살펴본 바와 같이 부동산 투자와 주식 투자는 시도해도 좋다. 무엇을 하든지 상관없다. 공부를 하다가 멈춰도 좋다. 단 두 가지는 하지 말자.

첫째, 무분별한 비판이다.

'누구는 주식으로 집 한 채를 날려 먹었다'나 '부동산 투자는 돈 있는 사람들만 하는 것이다' 등 여러 비판이 있을 수 있지만 이런 이야기는 아무런 도움이 되지 않는다. 비판으로 성공한 사람은 소수의 비관론자들뿐이다. 그들은 대부분 안정적인 직장을 갖고 있는 교수나 전문가이다. 대다수의 비관론자들은 아무리 비판과 비난을 해도 뉴스에 한 줄의 의견도 보도되지 않는다. 교수나 전문가가 아니라면 비판과 비난 대신 긍정적인 방안을 고민하는 데 시간을 쓰는 것이 훨씬 더 현명하다.

둘째, 모르고 하는 투자이다.

'없는 돈이라고 생각하고 투자했어', '옆 팀 과장님이 여기 좋대'라며 투자하지 말자. 이렇게 투자하는 사람은 돈 자체를 소홀하게 생각할 가능성이 높다. 그리고 자신감이 없는 사람의 언어일 경우가 많다. 내가 열심히 공부하고 치열하게 노력한 투자처에서 이익을 봐야 한다. 그렇게 벌어들인 돈만이 없어지지 않고 진정으로 나를 위해 일한다.

비판을 하기보다 방법을 찾기로 결심했다면 바로 행동으로 옮기자. 부동산 투자를 결심한 경우라면 우리 집이나 우리 동네 아파트 가격부터 네이버 부동산으로 검색하자. 주식 투자를 결심했다면 증권사 앱을 통해 비대면 계좌 개설부터 시작하자. 인생이 변하는 순간은 오직 내 의지대로 행동했을 때뿐이다.

집중 트레이닝 코스

📌 부동산과 주식 중 나에게 알맞는 투자처는 무엇인가?

_____

_____

_____

📌 지금 주식과 부동산의 사이클은 어떤지 적어 보자.

_____

_____

_____

📌 앞으로 6개월 후 오늘의 사이클은 어떻게 바뀔까?

_____

_____

_____

4장
어떻게
공부할 것인가?

각종 미디어와 IT 기술의 발달로 투자 공부가 굉장히 쉬워졌다. 이는 정확하고 신뢰성 있는 정보를 구분할 줄 알아야 한다는 뜻이기도 하다. 예전에는 단순히 정보의 존재 유무가 투자의 차이를 가져왔다면 지금은 정보의 해석과 연결, 발전 능력이 더 중요해졌다.

그래서 결국에는 나에게 맞는 방법을 정해 꾸준히 공부하는 것이 핵심이다. 투자 성과는 결국 경험의 양과 질의 차이가 좌우한다. 어떤 방법이든 다른 사람의 경험을 많이 얻고 축적하는 것이 중요하다. 공부를 통해 다른 사람의 경험과 실패를 살 수 있다면 그만큼 시간을 버는 것이다. 가장 전통적인 공부 방법인 책과 유튜브, 그리고 블로그를 살펴보자.

가장
기본적인 방법
'책'

책은 지식을 쌓는 방법 중 가장 기본적인 방법이다. 책을 통해 공부하면 지식을 안정적인 방법으로 긴 시간 축적해 쌓을 수 있다. 깊이 새겨진 지식과 지혜는 잘 잊히지 않는 법이다. 기초부터 시작해 점점 관심 범위를 넓혀가며 공부를 확장해 나갈 수도 있다.

나는 관련 분야의 책을 여러 권 읽고 책에서 소개되거나 인용된 책을 찾아 읽는 걸 좋아한다. 주식 책을 읽는다면 대여섯 권의 기본적인 책을 골라서 읽고 앙드레 코스톨라니André Kostolany나 벤저민 그레이엄Benjamin Graham 등 전설적인 투자자가 언급되면 그들과 관련된 책을 찾아 읽는다. 투자자가 아닌 자기계발 전문가나 철학자가 나오면 그들과 관련한 책도 찾아 읽는다. 30세의 나이에 백만장자가 된 『레버리지』의 작가 롭 무어Rob Moore나 『데일 카네기 인간관계론』을 쓴 데일 카네기Dale Carnegie가 이 과정을 통해 알게 된 작가들이다.

　단, 책으로 돈 공부를 시작할 때는 가장 쉬우면서 신뢰할 수 있는 책을 골라야 한다. 전문가의 깊은 내공이 담긴 책이나 미국의 투자 현인의 투자 원칙이 담긴 책은 가급적 나중에 읽고 자신의 눈높이에 맞는 책을 선택하자. 보통 초기 단계에는 부자 마인드와 관련한 책을 먼저 읽고 재테크 습관과 관련한 책을 읽은 후 구체적인 주식 투자와 부동산 투자 책으로 넘어간다. 그리고 경제와 금융 전반에 대한 책으로 관련 내용을 총정리할 것을 추천한다.

돈 공부를 할 수 있는 추천 책

부자 마인드

• 『돈의 속성』 김승호, 스노우폭스북스

연매출 1조 원의 스노우폭스라는 미국 도시락 업체의 대표이자 사장님들의 선생님으로 유명한 김승호 대표의 책이다. 200쇄를 찍은 재테크계의 대표적인 베스트셀러이다. 돈에 대한 75가지 가르침에 본인의 경험을 녹여내 알기 쉽게 풀어 썼다.

• 『부의 인문학』 우석, 오픈마인드

500만 원으로 50억 원을 만들어 이른 나이에 경제적 자유를 얻고 은퇴한 작가가 부의 작동 원리를 알기 쉽게 설명한 책이다. 복잡한 경제 용어나 원리를 초보자의 눈높이에 맞춰 적절하게 설명해 재테크 입문서로 탁월하다.

재테크 습관

• 『아들아, 돈 공부해야 한다』 정선용(정스토리), 알에이치코리아

대기업에서 임원으로 은퇴한 정선용 작가가 회사 생활을 하면서
느낀 점을 바탕으로 아들에게 인생 조언을 하는 형태를 취해 풀어
쓴 책이다. 직장인 선배이자 마음 따뜻한 부모로서 현실적인 재테
크 조언을 해 쉽게 읽히는 책이다.

• 『살면서 한 번은 짠테크』 김짠부(김지은), 북스톤

MZ 세대의 대표적인 재테크 전문가인 김짠부 작가의 책으로 1990
년대생이 공감할 수 있는 내용으로 구성됐다. 현실적이고 쉽게 읽
히는 책이다.

주식 입문

• 『돈, 일하게 하라』 박영옥(주식농부), 프레너미

농부의 마음으로 투자하는 주식농부라는 필명으로 더 유명한 박
영옥 대표의 책이다. 증권사 출신의 저자는 긴 안목으로 기업과 동
행하는 투자 철학을 설파한다. 이후 주식 관련 책을 꾸준히 출간하
고 있어 행동과 말이 일치하는 신뢰할 수 있는 책이다.

• 『내가 주식을 사는 이유』 오정훈(오박사), 연필

대학교 때부터 투자를 시작해 직장을 다니면서도 꾸준히 투자를
이어나가 원하는 목표를 이룩한 필명 오박사 작가의 리얼리즘 투
자기이다. 투자의 구루들 책보다 현실에 적용할 수 있는 이야기가
많아 편하게 읽기 좋은 책이다.

부동산 입문

• 『월급쟁이 부자로 은퇴하라』 너나위, 알에이치코리아

유튜브 채널 '월급쟁이부자들TV'를 운영하는 너나위 작가의 부동산 투자 성공기이다. 직장인으로서 각성을 하게 된 순간이나, 회사를 다니며 부동산 투자를 하기 위해 전국 각지를 뛰어다녔던 짠내 나는 스토리를 생생하게 느낄 수 있다.

• 『10년 동안 적금밖에 모르던 39세 김 과장은 어떻게 1년 만에 부동산 천재가 됐을까?』 김재수(렘군), 비즈니스북스

유튜브 채널 '푸릉_렘군' 운영자로 부동산과 관련한 인사이트를 전달해 주는 작가의 책이다. 부동산을 분석하는 다양한 연구 방법과 과정이 소개돼 부동산을 공부하고 싶은 사람에게 적합하다.

경제/금융 일반

• 『돈의 심리학』 모건 하우절, 인플루엔셜

『월스트리트저널(The Wall Street Journal)』의 재테크 칼럼니스트로 10년 넘게 활동한 모건 하우절의 책이다. 같은 상황 속에서 누구는 부자가 되고 누구는 부자가 되지 못하는 모습을 관찰하면서 취재와 연구를 통해 얻은 결과를 풀어 썼다. 투자에서 심리의 중요성을 알려주는 훌륭한 책이다.

• 『부의 대이동』 오건영, 페이지2북스

유튜브 채널 '삼프로TV_경제의신과함께'에 출연하는 신한은행 오건영 부부장의 첫 책이다. 유기적으로 얽혀 있는 전 세계 금융 시장 속에서 인사이트를 갖고 보이지 않는 흐름과 미래를 볼 수 있는 눈을 길러 준다.

5부 · 공부의 도

대세 미디어
'유튜브'

유튜브는 어떻게 활용하느냐에 따라 훌륭한 도구가 되거나 시간을 잡아먹는 괴물이 될 수도 있다. 알고리즘으로 안내하는 영상만 봐도 이 사람이 어떤 생각을 하고 주로 어떤 채널을 보는지 매우 구체적으로 알 수 있다.

유튜브로 투자 공부를 할 계획이라면 양질의 유튜브 채널을 지속적으로 시청하는 것이 가장 좋다. 처음에는 소박하게 출근 시간 10분만 활용해도 좋다. 양질의 유튜브란 균형 잡힌 시각을 갖게 해 주는 유튜브라고 할 수 있다. 주식이면 주식, 부동산이면 부동산, 비트코인이면 비트코인처럼 한 자산을 특정하는 유튜브보다는 다양한 자산을 다루는 유튜브가 좋다. 다양한 자산을 다루는 경우라면 다양한 경험과 시각을 가진 사람들이 출연하는 유튜브가 좋다.

돈 공부에는 정답이 없다. 하지만 경계해야 할 것은 분명하게 존재한다. 바로 '정답이 있다'는 망상과 '내가 아는 것이 전부'라는 자만이다. 복잡하고 끝을 알 수 없는 우주처럼 투자도 매 순간 미지의 세계다. 똑같은 사람이 현실 세계에 존재할 수 없는 것처럼 똑같은 현실 또한 존재할 수 없다. 그렇기 때문에 투자에는 '해답'만 존재한다. 내 모든 지식과 도구, 환경을 통해 해답을 찾아가는 과정이 진정한 돈 공부이다. 한 사람의 의견만으로 한 자산에 대해 방송하는 유튜브는 가급적 피하자. 어느 정도 균형이 잡힌 다음에 봐도 늦지 않다.

돈 공부를 할 수 있는 추천 유튜브(2022년 7월 1일 기준)

인터뷰 형식으로 진행되는 투자 전문 유튜브

• 신사임당

워낙 유명해 설명이 필요 없는 재테크 전문 채널이다. 인터뷰 형식으로 진행돼 균형 잡힌 재테크 시각을 가질 수 있도록 도와준다. 한국경제TV PD 출신인 신사임당 님의 매끄러운 진행은 물론 핵심을 짚어 주는 통찰력이 있어 비교적 가볍게 볼 수 있다.

• 김작가 TV

인터뷰를 전문적으로 해 오며 여러 권의 책을 낸 김작가 님이 운영하는 인터뷰 채널이다. 주식과 부동산 전문가의 시리즈 영상을 볼 수 있으며 재테크 외에도 자기계발을 주제로 다양한 사람을 인터뷰하는 등 활발하게 채널을 운영하고 있다.

• 월급쟁이부자들 TV

앞서 언급한 너나위 님이 주축이 돼 운영하는 유튜브 채널이다. 인터뷰 형식도 있지만 대담 형식을 취한다. 실제 사례와 사연을 바탕으로 전문가의 의견과 조언을 소개하는 영상도 많아 현실적인 문제에 대한 해결책을 접할 수 있다는 것이 장점이다.

• 싱글파이어

여러 자산가의 생생한 이야기를 인터뷰하는 채널이다. 친구 같은
채널을 표방해 소탈하고 자연스러운 연출을 하는 것이 특징이다.

현업 전문가 콘텐츠

• 삼프로TV_경제의신과함께

증권시장에서 잔뼈가 굵은 김동환 소장이 주축이 되어 이끌어 가
는 주식 전문 채널이다. 현업에서 실제 활동하는 사람들이 직접 출
연해 생생한 정보를 얻을 수 있다. 주식 투자 구루들의 시리즈 인
터뷰도 볼 수 있는 것이 특징이다. 평일에 매일 업로드되어 꾸준하
게 공부할 수 있어 활용도가 높다.

• 미래에셋 스마트머니

평일 오전 7시 30분과 오후 3시 40분에 라이브 방송을 진행한다.
증권사 리서치센터의 전문적인 콘텐츠도 정기적으로 업로드되어
활용도가 높은 채널이다. ETF 투자와 해외 투자에서 앞서가는 미
래에셋의 강점을 통해 투자의 저변을 확대할 수 있다.

개인 유튜버

• 소수몽키

미국 주식 전문 투자 채널로 시작했으나 현재는 경제 전반에 대한 이
야기는 물론 다양한 투자 관련 소식을 업로드한다. 미국 주식을 통해
월급처럼 받는 배당주 투자를 하고 싶은 사람에게 최고의 채널이다.

• 부동산 읽어주는 남자

부동산을 통해 힘든 직장 생활을 탈출할 수 있도록 도와주는 채널

이다. 전문가와 인터뷰도 하지만 채널을 운영하는 유튜버의 투자 방법과 전망을 다룬 콘텐츠가 매우 인기 있다. 특히 '전세 절대로 살지 마라' 영상은 우리나라 사람이라면 무조건 봐야 하는 영상이다.

• 슈카월드

경제와 금융을 기반으로 다양한 주제의 통찰력 있는 영상을 전하는 채널이다. 영상 편집과 섬네일, 방송 진행 방식이 재밌고 활기차 한 번 매력을 느끼면 헤어 나올 수 없는 유튜브 채널이다.

다시 뜨고 있는 매체 '블로그'

블로그는 10년 전에 유행을 했다가 인스타그램이나 유튜브 같은 영상 매체에 자리를 내줬다. 그러나 코로나 바이러스가 유행하면서 다시 뜨고 있다. 블로그만의 장점이 확실하기 때문이다. 글을 통해 깊고 정확한 정보를 전달할 수 있다. 코로나19는 우리 삶의 전반에 큰 영향을 미쳤다. 유독 크게 영향을 미친 곳이 소비와 투자 영역이다. 긍정적이든 부정적이든 소비와 투자 영역에서 더 정확한 정보는 플러스가 된다.

정부의 방역 지침을 최대한 준수하면서 살다가 오랜만

에 대학 동창들과 저녁 약속을 갖는 경우를 생각해 보자. 네 명의 인원이 9시라는 제한 시간 내에 모든 걸 끝마쳐야 한다. 어떻게 하면 최대한 맛있으면서 교통도 좋고, 또 코로나 감염 위험이 적게 테이블 간격이 널찍한 식당을 빨리 찾아볼 수 있을까? 식당을 찾기 위해 확인할 수 있는 정보는 블로그밖에 없다. 인스타그램은 사진이라는 매체 특성상 맛보다는 멋을 추구한다. 유튜브는 영상 미디어이기 때문에 이런 정보를 전달하는 데 한계가 있다. 블로그에서 별점과 이동 경로, 주차장, 방역 대책 정도 등 다양한 요소를 확인하면 짧고 굵게 보내야 하는 모임을 알차게 보낼 수 있다.

투자도 마찬가지다. 코로나19로 인해 투자에서도 양극화 현상이 심화되고 있다. 소득이 줄어 힘든 사람은 현재 상황을 탈피하기 위해, 소득이 더 늘어난 사람은 오히려 이 기회를 활용하기 위해 더 많은 정보를 탐색한다. 그러나 정보의 양이 많고 범위도 방대해져 단순한 정보의 존재보다 해석이 더 중요해졌다. 그렇기 때문에 일목요연하게 정리된 정보가 더 힘을 갖게 됐다. 이는 블로그만이 제공하는 특징이다. 유튜브도 어느 정도 가능하지만 정보를 해석해 주는 영상은 길다. 정보를 얻기 위해 재미도 없는 긴 영상을 보는 건 생각보다 지루하고 어려운 일이다.

블로그를 오랫동안 관리 및 운영하고 있다는 것은 해당

블로거가 특정 분야의 글을 꾸준히 썼다는 의미이다. 글쓰기를 통해 다양한 정보를 수집하고 분석해 그것을 필요에 따라 해석하는 작업을 하기 때문에 생각보다 시간이 오래 걸리고 쉽지 않다. 정보를 해석하는 방법, 인사이트, 투자에 대한 관점 등을 위주로 나에게 맞는 블로그를 찾고 꾸준히 구독한다면 돈 공부를 하는 깊이와 범위의 기준을 명확하게 할 수 있을 것이다.

참고할 만한 블로그를 투자 인사이트, 정보의 해석, 마인드 측면으로 분류해 소개한다.

돈 공부를 할 수 있는 추천 블로그(2022년 7월 1일 기준)

부자 마인드(습관, 절약, 사업 등)

• 부자아빠 청울림의 인생공부

직장 생활을 박차고 부동산 투자자로 거듭난 본인의 이야기를 담은 『나는 오늘도 경제적 자유를 꿈꾼다』를 쓴 부동산 전문가이다. 이후 성인들의 꿈을 이뤄주는 '다꿈스쿨'을 열어 많은 사람에게 긍정적인 영향력을 주고 있다.

_블로그: https://blog.naver.com/iles1026
_다꿈스쿨: https://cafe.naver.com/dreamagainschool

• 은주의 리얼 라이프

'200만 원대 외벌이, 대출상환 5년만에 1억 갚은 방법'이라는 현실적인 절약에서 시작해 다양한 재테크방법을 소개하는 블로그이다.

은주 님의 개인적인 이야기를 읽다 보면 저절로 존경하는 마음이 생겨 내 인생을 반성하게 될 수 있다.

_블로그: https://blog.naver.com/ej5824486

• 송사무장의 3년 안에 부자되기

부동산부터 교육, 자기계발 영역까지 종횡무진하며 활약 중이다. '행복재테크' 카페도 운영 중이며 부동산과 창업을 전문적으로 교육하는 '행크에듀' 대표이다. 저서로는 『엑시트(EXIT)』가 있다.

_블로그: https://blog.naver.com/nougury
_카페: https://cafe.naver.com/mkas1

정보 해석(부동산)

• 빠숑의 세상답사기

『대한민국 부동산 미래지도』 등 다수의 부동산 저서가 있다. 유튜브부터 팟캐스트까지 다양한 매체를 통해 부동산 전망을 소개하는 독보적인 전문가이다.

_블로그: https://blog.naver.com/ppassong

• 서울휘의 사이드프로젝트 스쿨

『나는 상가에서 월급 받는다』 등 네 권의 책을 쓴 재테크 전문가이자 상가 경매 스쿨과 '휘클럽'이라는 네이버 카페도 함께 운영 중이다. 1인 기업 컨설턴트로 1인 기업가를 꿈꾸는 사람들에게 실질적인 비즈니스 가능성을 만들어 주고 있다. 부동산과 콘텐츠 크리에이터에 관심 있는 사람이라면 필수적으로 구독해야하는 블로그이다.

_블로그: https://blog.naver.com/sybangse
_카페: https://cafe.naver.com/whiclub

정보 해석(주식)

• 포카라의 실전투자

『월급쟁이 투자자를 위한 완벽한 실전 투자법』의 저자. 시장 뿐만 아니라 업종과 개별종목까지 폭넓게 다루고 있어 처음 관련 지식을 쌓기에 매우 좋은 블로그다. 다양한 분야의 책을 소개하고 있어 인문학적 소양을 쌓기에도 좋다.

_블로그: https://blog.naver.com/pokara61

• 재테크의 여왕 슈엔슈

공모주 전문 블로그이다. 『전업맘, 재테크로 매년 3000만 원 벌다』를 썼다. 증권사 출신으로 다양한 재테크 방법과 상품을 소개한다. 오프라인 강의도 진행 중이다. 집중적으로 공부하고 싶은 주부에게 안성맞춤이다.

_블로그: https://blog.naver.com/xuenxu

투자 인사이트

• 쥬라기의 세상을 보는 창

주식 투자 전문 블로그이다. 『7일만에 끝내는 쥬라기투자법』 등 다수의 주식 관련 책을 썼다. 주식 전문 사이트인 ㈜팍스넷 투자전략 담당 이사 출신으로 현재 '쥬라기의 주식투자 MBA 강의'를 진행 중이다.

_블로그: https://blog.naver.com/gaajur

• 천천히 꾸준히

『후천적 부자』라는 책을 비롯해 재테크, 부동산, 경매 등 다양한 분야의 책을 썼다. 최근 경기도의 아파트를 분석한 책『경기도 아파트 지도』를 출간했다. 투자와 관련한 재테크 책을 꾸준히 읽고 포스팅하고 있어 관련 정보를 얻기에도 유용한 블로그이다.

_블로그: https://blog.naver.com/ljb1202

책, 유튜브, 블로그로 돈 공부를 하는 방법을 소개했지만 수단은 시대에 따라 변화하고 진화할 것이다. 블로그처럼 유행이 지났다가 다시 재조명받을 수도 있다. 돈 공부에서 가장 중요한 것은 결국 나보다 앞서간 사람들의 어깨 위에 올라타는 것이다.

다양한 수단을 통해 나보다 먼저 시행착오를 겪고 성공한 사람들의 지혜를 내 것으로 만들자. 스스로 정보를 읽고, 해석하고, 생성하는 단계까지 나아가야 한다. 부자로 살아가기 위한 진정한 돈 공부는 그때부터 비로소 시작이다.

5장

공부,
영원한 성장

책에 쓰인 지식도, 지금 막 내가 겪은 투자 경험도 1초만 지나면 옛것이 된다. 책을 읽든 유튜브 시청을 하든 스스로 소화시켜 현실에 적용할 수 있을 때 진정한 가치가 생성된다. 음식을 섭취하고 소화가 되어 영양소로 환원돼야 우리 몸 구성 성분으로 쓰이고 에너지를 만들어 내는 것처럼 말이다.

책은 비교적 오랜 시간 살아남았지만 IT 기술의 발달로 유튜브, 블로그 등의 매체는 다양한 모습으로 변화될 것이다. 우리만의 공부 방법과 목적이 필요하다. '인생에서 돈 공부가 중요하다'는 보편적인 명제로 5부를 시작했지만 어떤 수단이든 상관없이 공부 과정을 통해 각자의 목적을 찾을 수 있기를 바란다. 그 목적이 누군가에게는 가족의 행복일 수 있고 누군가에게는 자아 실현일 수 있으며 누군가에게는 사회 환원일 수 있다. 앞서 언급한 책과 유튜브, 블로그를 만든 콘텐츠 크리에이터를 보면 알겠지만 절대 재테크의 최종 목표는 절대 고가의 물건을 구매하는 것이나 다른 사람을 불행하게 만드는 일이 될 수 없다.

지식을 넘어
지혜로

지식은 '어떤 대상에 대하여 배우거나 실천을 통하여 알게 된 명확한 인식이나 이해'라는 사전적 의미를 가지고 있다. 지혜는 '사물의 이치를 빨리 깨닫고 사물을 정확하게 처리하는 정신적 능력'을 의미한다. 둘 다 형태는 명사이지만 지식이 '알게 된' 특정한 상태와 수준을 지칭하는 말이라면 지혜는 '처리하는' 적극적이고 능동적인 동사적 성격을 갖고 있다.

돈 공부는 지식으로 시작해 지혜의 영역에 도달해야 비

로소 완성된다. 핵심은 사이클에 대한 이해이다. 부동산이든 주식이든 일정한 사이클이 있고 지금 이 순간에도 진행되고 있다. 가장 먼저 과거를 공부하는 이유는 사이클마다 발생하는 현상이나 영향, 변화를 이해하기 위해서이다. 여기까지는 지식의 영역이다. 지혜의 영역으로 전환되는 순간은 실제 투자를 실행하면서부터다. 투자하면서 현재 사이클을 진단하고 앞으로 발생하게 될 상황을 예측 및 전망하게 되면서부터 그동안 배웠던 지식이 지혜가 되고 투자 수익률로 발현된다.

투자 사이클은 반복되지만 매 순간의 조건과 환경은 다르다. 과거의 지식만으로 현재 조건과 환경에 적용하면 투자는 100% 실패한다. 과거의 지식을 바탕으로 고려하되 변화된 환경과 새로운 요소를 감안해 판단하는 것이 바로 투자에서 필요한 지혜이다.

투자는 매 순간 변화하기 때문에 완벽한 투자란 존재하지 않는다. '100% 수익률 보장'은 성립하지 않는다. 어느 정도 위험(리스크) 확률이 존재하는 불안정한 상태에서 투자를 결정해야 한다. 이것은 어쩌면 지식이 아닌 지혜의 영역이다. 지혜란 '내가 바꿀 수 있는 것인가' 혹은 '바꿀 수 없는 것인가'를 구분하는 것에서 출발한다. 내가 바꿀 수 있는 요소

라면 용기를 내어 과감히 결단하고 내가 바꿀 수 없는 요소
라면 과감히 제거해야 한다.

바꿀 수 있는 것 중 가장 쉬운 것이 바로 나 자신이다. 지
금 내가 어떤 상황에 놓여 있든 과거에 어떤 삶을 살았든 상
관없이 아주 조금의 용기를 내어 나 자신을 변화시켜 보자.
지금 내가 하고 있는 생각과 행동이 차곡차곡 쌓여 미래의
내가 된다. 미래는 생각보다 급격히 변하지 않는다. 이 사실
을 인정하는 것이 시작이다.

지식은 초등학교와 중·고등학교 순으로 진학하듯이 발
전하지만 지혜는 한번 그 영역에 들어서면 확장을 한다. 나
이가 어리거나 경험이 적어도 지혜의 영역에 들어설 수 있
다. 지혜로운 부자가 되어 그 영역에 들어선 순간부터는 다
른 사람과 경쟁하는 것이 아니라 과거의 나와 경쟁을 하게
된다.

우리의 최종적인 목표는 지혜로운 부자가 되어 평생 살
아가는 것이다. 오래 일을 하거나 일을 통해 보람을 느끼는
것이 최종 목표가 될 수는 없다. '시간과 돈을 바꾸는 영역'
에서 최대한 빨리 '플랫폼 비즈니스 영역'으로 넘어와야 한
다. 플랫폼 비즈니스를 통해 수입을 올리는 대표적인 방법

에는 음악이나 책, 웹툰처럼 저작권을 통해 정기적인 수입을 얻거나 건물이나 오피스텔 등으로 시세 차익이나 월세소득을 통해 수입을 얻는 방법이 있다.

가장 주목해야 하는 부분은 금융 투자를 통해 수입을 올리는 '금융 부자' 영역이다. 저작권에는 재능과 창의력이 요구되어 누구나 원하는 결과를 얻을 수 없다. 건물주 영역도 큰 투자금이 필요하고 공실이나 관리의 문제도 있어 실제 소득 대비 시간이 많이 소요된다. 하지만 금융 부자는 다르다. 누구나 시도할 수 있고 공실이나 관리의 문제도 없다. 무엇보다 적은 금액으로도 당장 시작할 수 있다. 그렇기 때문에 금융 부자가 최종적인 목표여야 한다.

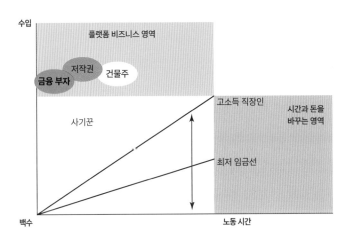

영원한 성장

나에게 공부의 목적은 영원한 성장이다. 나는 70세가 넘어도 더 성장하는 사람이 되고 싶다. 하루를 충실히 살고 저녁이 되면 부족한 점이 없었나 점검하며 조금씩 성장하는 사람이 되고 싶다.

돈 공부를 하는 목적은 모두 다르다. 누군가에게는 좋은 집에 살고 싶은 욕망일 수 있고 누군가에게는 가족의 행복일 수 있으며 누군가에게는 최대한 빨리 경제적 자유를 얻고 싶은 목적일 수도 있다. 어떠한 목적이든 상관없이 처음에는 목적이 두루뭉술한 게 일반적이다. 초점이 맞지 않은 사진처럼 뿌옇지만 하루하루 공부해 나갈수록 조금씩 더 선명해진다. 또한 그 목적은 어느 순간 구체적인 목표로 변화한다.

시간은 투자되거나 낭비될 뿐 중간은 없다. 공부에 투자한 시간만큼 목적과 목표는 더 선명해지고 우리는 우리가 원하는 삶에 더 가까워질 것이다.

집중 트레이닝 코스

📌 돈 공부를 통해 얻고자 하는 건 무엇일까? 부자가 되는 방법 외에 더 얻을 수 있는 건 무엇이 있을까 적어 보자.

_____

_____

_____

📌 세상에서 가장 바꾸기 쉬운 건 나 자신이라는 말에 동의하는가? 그 이유는 무엇인가? 동의하지 않는다면 그 이유는 무엇인가?

_____

_____

_____

📌 시간을 투자할 것인가 아니면 낭비할 것인가? 누군가 당신에게 물어볼 때 당신은 어떻게 대답할 것인가? 나의 어제는 투자였을까 아니면 낭비였을까? 0~24시를 적고 구분해 보자.

_____

_____

_____

_____

_____

_____

당신은 이미
부자입니다

증권회사와 보험회사를 거치면서 많은 사람을 만났다. 연령대는 물론 자산, 소득, 직업 등이 다른 다양한 사람을 만나면서 내린 결론은 돈과 관련한 관점과 지식 등 모든 것이 천차만별이라는 점이었다. 마치 무질서하게 숫자를 배열해 놓은 난수표처럼 상관관계가 파악되지 않았다. 하지만 늘 돈을 잘 모으는 사람이 있었고 투자를 잘하는 사람이 있었으며 자산이 많은 사람이 있었다.

이번 책은 천차만별인 사람 속에서 일관된 하나의 키워드를 찾기 위한 노력에서 출발했다. 책에서 강조한 인생, 태도, 관계, 습관은 부자가 되기 위해 노력하는 혹은 현재 부자로 살아가는 사람들을 만나고 대화하고 분석해 얻어 낸 결과물이다.

5부의 공부도 물론 중요하지만 이는 앞의 주제에 비해 부차적인 요소이다. 공부를 한다고 무조건 부자가 되지는 않는다. 공부는 단지 부자가 될 확률을 높일 뿐이다. 하지만 인생, 태도, 관계, 습관에서 언급한 돈과 관련한 내용은 부자가 될 수 있도록 도와주면서 부자로 영원히 살게 해 주는 필수적인 요소이다.

이것이 초중고 정규과정을 통해 진행할 수 없는 진정한 돈 공부이다. 학생이든 직장인이든 상관없다. 남녀노소도 상관없다. 자산의 많고 적음도 상관없다. 적은 금액이라도 내가 노력을 통해 벌어들이는 소득이 있다면 진정한 돈 공부를 통해 누구나 부자가 될 수 있다. 돈 공부는 전혀 돈이 들지 않는다. 누구나 지금 당장 시작할 수 있다.

책을 읽고 이 페이지까지 왔다면 당신은 이미 충분히 부자이다. 우리는 우리의 행동을 통해 스스로의 존재를 결정할 수 있다. 부자처럼 인생을 살고 부자같은 태도를 갖추고 부자처럼 관계를 이끌어 나가며 부자의 습관을 기른다면 우리는 이미 부자이다.

감사의 말

저도 아직 목표로 한 경제적 자유에는 이르지 못했습니다. 하지만 부자에서 빈자까지 다양한 사람을 만나며 '인생을 살아가는 태도가 내 삶의 질을 결정한다'는 사실을 깨달았습니다.

인생 중반부의 길목에 다다른 이 시점에 인생의 중요한 진리를 깨달은 것만으로도 저는 값진 수확을 얻었다고 생각합니다. <인생PT:재테크 본질편>은 경제적 자유를 향한 여정을 시작하는 이야기입니다. 앞으로 주식, 부동산, 습관, 독서 등 인생에서 중요한 주제로 다시 찾아뵙겠습니다.

부족한 저와 함께 살아주는 삶의 동반자 김아람 님 정말 고맙고 사랑합니다. 당신의 도움과 배려 덕분에 책을 집필할 수 있었습니다. 사랑하는 어머니 김경순 여사, 든든한 누나 최은정 님, 지금까지 내 인생을 함께해 준 소중한 친구와 선후배 모두 정말 감사합니다. 함께 대화하고, 느끼고, 공감했던 모든 경험이 체득되어 이 책을 완성할 수 있었습니다. 또한 13년이라는 적지 않은 시간 동안 현업에 있으면서 상담을 통해 만났던 모든 고객님, 열정 하나로 첫 책을 쓰겠다는 시도를 모두 받아준 텍스트CUBE의 김무영 대표와 조한나 편집자에게도 진심으로 감사함을 표합니다.

그리고 이 책을 읽고 있는 소중한 독자 여러분, 다음 여정도 함께해 주셨으면 합니다. 감사합니다.